뉴스가 들리고 물가가 보이는 어린이 경제 동화

내 용돈 빼고 다 올랐어

하리라 글 | 지문 그림

> 작가의 말

좋아하는 과자의 가격이 왜 자꾸 오를까요?

만약 일주일 용돈이 5천 원이라면 무엇을 하고 싶은가요? 벌써 '방과 후 게임 하러 가기, 간식 사 먹기, 돈 모아서 친구 생일 선물 사기' 등등 여러 대답이 들려오는 것 같아요. 저 멀리서 '에계, 그 돈 가지고 뭘 해요?' 하는 마음의 소리도 들리는 것 같고요.

이번에는 일주일 용돈이 10만 원이라면 무엇을 하고 싶은지 생각해 볼까요? 용돈이 5천 원일 때 비하면 여러분이 하고 싶은 걸 정말 많이 할 수 있겠지요. 어떤가요?

그런데 용돈이 늘어나도 할 수 있는 것이 늘어나지 않을 때가 있어요. 용돈만 늘어나는 것이 아니라 사고 싶고 하고 싶은 무언가의 가격이 같이 오를 때죠. 과잣값이 오르면 더 많은 돈을 주고도 같은 양의 과자밖에 사지 못하고, 심지어는 사지 못할 수도 있어요!

이 상황을 이해하려면 경제 활동을 이해해야 해요. 우리가 무언가를 사는 것도, 공부하는 것도 경제 활동이거든요. '경제'라고 하면 어른들만 알아야 할 것 같고 어려워 보일 수도 있지만 그렇지 않아요. 이 책을 읽다 보면 여러분의 생활을 둘러싼 게 경제라는 걸 알 수 있어요.

경제에 아무 관심 없던 이 책의 주인공들은 왜 같은 용돈으로 같은 물건을 살 수 없는지 의문을 품고 조사에 나서요. 물가가 올랐다고 하는데, 물가는 누가 올리는 건지, 무슨 영향을 받는 건지 따지기 시작하지요. 여러분도 궁금하지 않나요? 알 수 없는 누군가가 값을 올려 몰래 내 용돈을 빼앗고 있다면 범인을 잡아야지요!

이 책을 쓰기 시작하던 때 저도 그런 마음으로 신문 기사를 찾아보았어요. 제가 좋아하는 과자와 떡볶이 가격이 왜 오른 건지 알아보았지요. 저처럼 좋아하는 것, 사고 싶은 것의 가격이 왜 오르는지 궁금한 친구들은 어서 책을 펼쳐 보세요!

꼬리에 꼬리를 무는 질문이
여러분 안에서 계속되길 바라며

하리라

차례

작가의 말 —— 4

내 사랑 떡볶이, 메뉴판이 바뀌었다!

9

지식 아이, 경제가 뭘까요? • 20

특명! 동그랑 과자가 비싸진 이유는?

26

슈퍼 아저씨, 가격은 누가 정해요? • 36

맨날 똑같은 반찬이 물가 때문이라고?

41

아빠, 물가는 왜 올라요? • 49

우리 모두 궁금해! 인플레이션 사건

53

선생님, 물가가 계속 오르면 어떻게 돼요? • 60

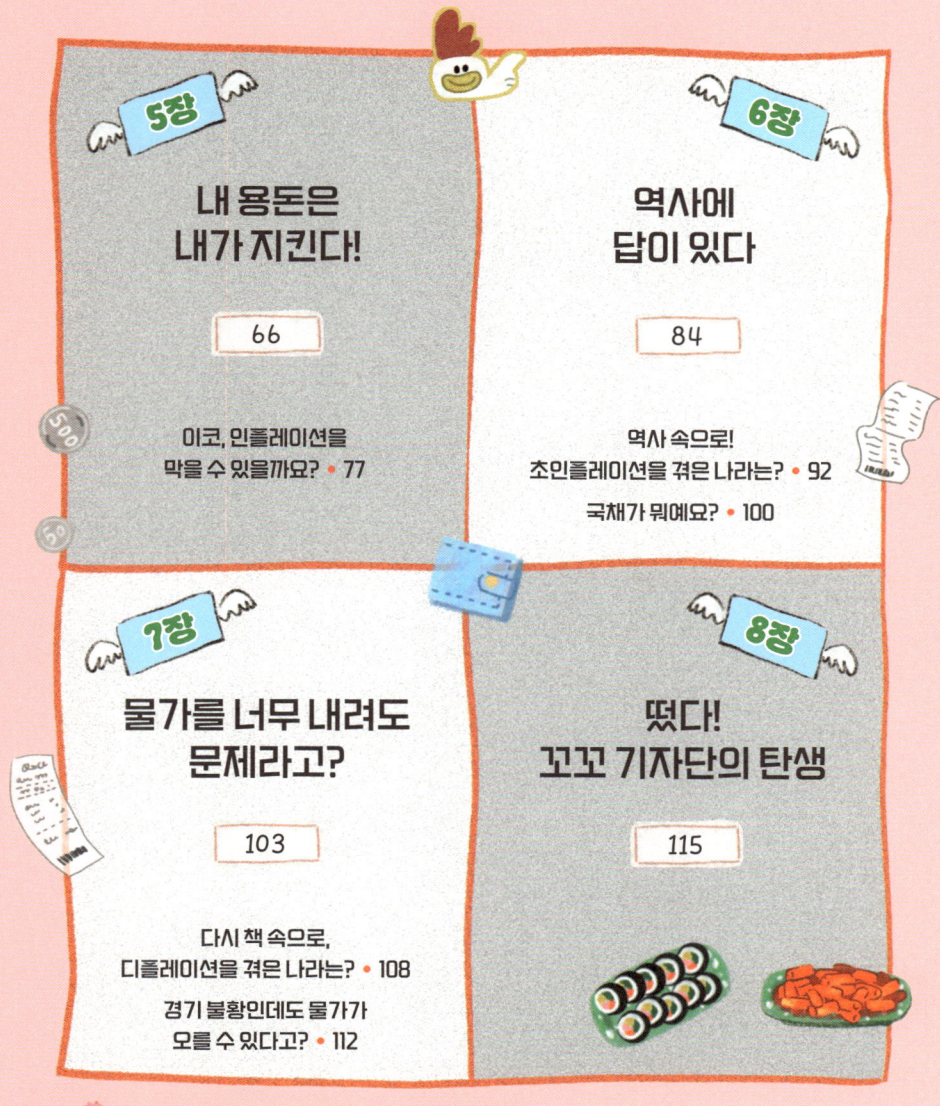

5장
내 용돈은 내가 지킨다!
66

이코, 인플레이션을 막을 수 있을까요? • 77

6장
역사에 답이 있다
84

역사 속으로! 초인플레이션을 겪은 나라는? • 92
국채가 뭐예요? • 100

7장
물가를 너무 내려도 문제라고?
103

다시 책 속으로, 디플레이션을 겪은 나라는? • 108
경기 불황인데도 물가가 오를 수 있다고? • 112

8장
떴다! 꼬꼬 기자단의 탄생
115

꼬꼬 기자단과 함께하는 경제 퀴즈 OX — 126

내 사랑 떡볶이, 메뉴판이 바뀌었다!

금요일 방과 후, 채이와 선호는 여느 때보다 신중하게 고민했다. 매콤떡볶이 가게에 가서 뭘 먹을지 결정하는 건 늘 쉽지 않았다.

"떡볶이는 뭐니 뭐니 해도 밀 떡볶이야. 탱글탱글한 게 입에 쫙쫙 달라붙잖아."

"에이, 한선호. 그건 아니지. 쌀 떡볶이가 진리랬어. 얼마나 쫄깃하면서 부드러운데. 밀가루는 따라올 수가 없어."

쌀 떡볶이가 더 맛있다던 채이가 갑자기 손가락을 튕기며 말했다.

"하지만 그거 알아? 어떤 떡볶이가 더 맛있는지 공식적인 연구 결과가 있다는 거?"

"뭐? 그게 뭔데?"

"바로 쌀이든 밀이든…… 떡볶이면 둘 다 맛있다는 거지!

"하하. 그게 뭐야, 강채이. 무슨 추리라도 하는 줄 알았네."

"그럼. 반 애들한테 물어봐. 탱구처럼 잘난 척하는 애는 빼고. 걔는 보나 마나 '난 떡볶이보다 이탈리아 요리가 맛있더라.'라고 할걸? 아무튼 오늘은 내가 쏘는 날이니까 특별히 널 위해 밀 떡볶이 쏜다!"

"얏호! 너무 좋다!"

둘은 신나게 매콤떡볶이 가게로 달려갔다. 동네에서는 모르는 사람이 없는 떡볶이 맛집이었다. 가래떡으로 만든 쌀 떡볶이와 밀 떡볶이를 고를 수 있는 데다, 가격도 무척 싸서 인기였다.

자리에 앉는데, 채이 눈에 반질반질한 새 메뉴판이 눈에 띄었다. 가격도 전과 달랐다. 떡볶이며 순대며 어묵 가격이 모두 오른 메뉴판이었다.

"예? 떡볶이 가격이 올랐다고요?"

신나게 한턱 쏘려던 채이는 머리가 새하얘졌다. 선호에게 얻어먹기만 하다가 하필 사려

고 하는 날에 가격이 오르다니.

깜짝 놀란 채이를 보며 가게 아주머니가 말했다.

"밀가루도 고춧가루도 값이 너무 올라서 어쩔 수가 없지 뭐니. 그래도 다른 데에 비해서는 덜 올린 거란다."

채이는 숫자가 바뀐 메뉴판에 정신이 팔려서 머릿속 계산기를 돌리느라 바빴다.

'5,000원으로 2,000원짜리 떡볶이 2인분이랑 500원짜리 어묵꼬치 2개를 살 생각이었는데. 어쩌지? 떡볶이 1인분이 3,000원이면 2인분은 못 사 먹잖아? 오마이갓. 어묵꼬치도 1개에 1,000원이 됐네.'

채이가 당황해서 어쩔 줄 모르자 선호가 말했다.

"아주머니, 가격이 언제부터 오른 거예요?"

"오늘부터야. 바뀐 메뉴판이 오늘 왔거든."

아주머니 얘기를 들은 채이는 후회에 빠졌다.

'어제 올걸. 그랬으면 2인분 살 수 있었는데. 아니, 용돈이 1,000원만 더 많았어도…….'

그사이 선호가 아주머니에게 능청을 떨며 말했다.

"에이. 할 수 없죠. 그런데 저희가 가격이 오른 줄 모르고

5,000원밖에 안 가져와서요. 이따가 바로 학원 가야 하는데 배는 고프고…….”

평소 어른들에게 싹싹하고 말을 잘하는 선호답게 아주머니 눈치를 살피며 말을 이었다.

"2인분 살 돈은 안 되고, 1인분은 둘이 먹기 좀 모자랄 것 같아서요. 떡볶이 5,000원어치만 주시면 안 될까요?"

선호가 불쌍한 표정을 지으며 말하자 아주머니가 시원스레 대답했다.

"그럼! 그게 뭐 어렵겠니. 1인분에다 조금 더 담으면 되지."

"감사합니다! 떡볶이는 쌀이랑 밀이랑 섞어서요!"

"원 녀석도. 취향이 확실하구나."

아주머니가 웃으며 떡볶이를 담는 사이, 채이가 선호에게 말했다.

"미안해. 오늘 어묵 꼬치까지 사 주려고 했는데."

"괜찮아. 떡볶이 먹으면 어묵 국물까지 주시잖아. 그렇죠?"

선호가 채이에게 아무렇지 않게 대답하면서 떡볶이를 담던 아주머니에게 물었다.

"국물이야 당연히 주지. 마음껏 먹어. 친구 사이가 참 좋네.

오늘은 가격 인상 첫날이니까, 떡볶이 2인분 넉넉히 주마. 맛있게 먹으렴! 자주 와!"

아주머니가 인심 좋게 떡볶이를 한가득 담아 주자 채이와 선호는 신이 났다.

"와, 고맙습니다!"

둘은 거의 동시에 감사 인사를 하고는 누가 먼저랄 것도 없이 포크를 뻗어 떡볶이를 무자비하게 찔러 댔다.

"채이야. 이따가 학원 들어가기 전에 시간 남으면 게임 하러 갈까? 게임은 내가 쏠게."

채이는 게임이라는 말에 귀가 쫑긋했다. 하지만 게임 비용은 선호가 쏜다고 해도 어차피 게임에서 잡은 아이템을 가지려면 돈이 2배로 들었다. 게다가 원하는 아이템을 얻기란 수학 시험에서 100점 맞는 것만큼 어려운 일이었다.

"괜찮아. 그거 하려면 줄도 엄청 길걸?"

"그런가? 하긴, 그거 기다리다가 학원 늦을 수도 있지."

"응."

빨간 윤기를 내며 접시에 가득 찼던 떡볶이는 순식간에 사라졌다.

"채이야. 떡볶이 잘 먹었어. 고마워!"

채이는 배시시 웃음이 났다. 선호는 다른 남자애들과 다르게 말도 예쁘게 하고 부드러웠다. 유치원 때부터 친구인 선호에게는 뭘 해 줘도 아깝지 않을 것 같았다.

가게를 나오는데 태규가 길 건너편에서 지나가는 게 보였다. 반 아이들 몇몇과 함께였다. 태규가 투덜거리는 소리가 얼마나 큰지 멀리서도 잘 들렸다.

"아니, 몬스터 게임 가격을 올리는 게 말이 돼? 게임 한 판에 2,000원도 비싼데, 이제 3,000원이라니! 게다가 희귀 몬스터는 잘 나오지도 않잖아. 나와도 카드로 뽑으려면 비싼데. 내 용돈으로도 부족하다고!"

태규가 받는 용돈은 일주일에 만 원도 넘는다고 들었다. 아마 같은 학년 중에 제일 많이 받을 것이다. 그런데도 부족하다니. 오늘도 탱탱볼처럼 불만을 잘 튕겨 내며 다니는구나. 역시, 탱구라고 불릴 만했다.

같이 태규 일행을 쳐다보던 선호가 중얼거렸다.

"요즘 왜 이렇게 물가가 오르는 거지?"

"물가?"

"아, 응. 아까 떡볶이 가게 아주머니도 밀가루랑 고춧가루 값이 올랐다고 했잖아. 그런데 몬스터 게임 값도 많이 올랐나 본데?"

"으응. 그러게. 물가가 왜 이렇게 오를까?"

채이는 모르는 걸 들키기 싫어서 대충 맞장구를 치며 얼버무렸다.

"아빠가 요즘 경제가 안 좋다고 하던데. 그래서 그런가."

선호가 또 중얼거렸다. 도대체 경제가 뭐고 물가가 뭔지, 채이는 아리송했다. 그때 동네에서 학습지 회원을 모집하는 아주머니가 손에 전단지를 쥐어 줬다.

"얘, 지식 아이 학습지 알지? 온라인에서 궁금한 내용을 과외 선생님처럼 설명해 주는 거. 요즘 인기잖니. 이번에 1회 무료 체험 행사하니까 갖고 가렴!"

무심코 받은 전단지 쿠폰을 보는데 채이 머릿속이 번쩍했다. 궁금한 게 마침 생기던 참이었으니까.

지식 아이, 경제가 뭘까요?

채이는 집에 와서 서둘러 컴퓨터를 켰다. '지식 아이'에 궁금한 걸 묻고 싶었다. 원래는 월 회비를 내야 했지만, 채이에게는 아까 받은 '무료 체험권'이 있었다. 쿠폰 번호를 입력한 후 이름을 적자 얼굴이 동그란 지식 아이가 웃으며 나타나 일대일 채팅창이 떴다.

지식 아이 안녕하세요? 궁금한 것을 질문해 주세요. 30분 동안 무료로 이용 가능합니다.

채이 경제가 뭐죠? 요즘 경제가 안 좋다고 하는데 무슨 뜻일까요?

 경제는 사람이 생활하는 데 필요한 생산, 소비, 분배 활동 모두를 말해요. 초등학생 여러분도 경제 활동을 하고 있죠. 무엇이 경제 활동일까요?

채이는 자기가 오늘 한 것 중 어떤 것이 경제 활동인지 곰곰이 생각해 보았다. 그사이 지식 아이가 답변을 이어 갔다.

 여러분은 의식하지 못하겠지만, 용돈으로 과자를 사거나 게임을 하고, 공부하는 것 모두 경제 활동이에요. 경제 활동은 크게 생산과 소비로 나뉘는데, 용돈으로 무언가를 사는 건 소비에 해당해요.
반대로 여러분이 용돈을 벌기 위해 잘 쓰지 않는 학용품이나 작아진 옷을 중고 시장에 가져다 팔고 돈을 버는 것은 생산 활동이에요. 그런데 돈을 벌고 대가를 받는 행동만 생산 활동은 아니에요. 학교에서 공부를 하는 것도, 집에서 동생을 돌보고 청소하거나 학교에서 칠판을 닦고 쓰레기를 줍는 것도 돈을 받지 않지만 일상에 꼭 필요한 생산 활동이랍니다.

 오늘 친구랑 떡볶이를 사 먹었어요. 이것도 경제 활동인가요?
 맞아요. 채이 님은 오늘 떡볶이를 사 먹으면서 '소비'라는 경제 활동을 했네요. 떡볶이 가게에서 이루어진 경제 활동은 또 무엇이 있는지 생각해 보세요.
'생산' 활동을 한 사람은 누구일까요? 바로 떡볶이 가게 아주머니예요. 아주머니는 떡볶이를 만들어 팔면서 생산 활동을 했어요. 하지만 아주머니가 판 것은 떡볶이뿐만이 아니랍니다.

생산하고 소비하는 ==경제 활동의 대상은 눈에 보이고 만질 수 있는 '재화'==와 ==눈에 보이지 않고 다른 사람을 만족시키는 행동인 '서비스'==로 나뉘어요. 떡볶이 가게에서 아주머니가 생산하고 채이가 산 떡볶이는 눈에 보이는 '재화'이고, 아주머니가 떡볶이를 접시에 담아 채이와 선호가 앉은 자리까지 가져다주는 행동은 '서비스'예요. 서비스는 떡볶이 가격에 모두 포함되어 있답니다. 그래서 어떤 가게들은 손님이 매장에서 음식을 먹지 않고 포장해 갈 경우 가격을 더 싸게 받기도 해요.

"아하!"

채이는 왜 포장 가격이 매장에서 먹을 때보다 더 싼지 이제 알았다. 그러다 갑자기 적은 용돈이 생각나서 시무룩해졌다.

오늘 떡볶이 값이 갑자기 오르는 바람에 원하는 만큼 살 수 없었어요. 용돈이 많으면 이런 고민을 안 해도 될 텐데.

용돈이 많으면 고민을 덜 할 수는 있겠지만, 아무리 용돈이 많다고 해도 원하는 모든 걸 얻을 수는 없어요. 왜냐하면 채이 님을

비롯해 사람들이 무언가를 원하는 마음은 끝이 없는데, 사람들이 원하는 돈이나 물건 같은 자원은 한정되어 있으니까요. 이렇게 원하는 마음에 비해 돈이나 자원이 부족한 상태를 '희소성'이라고 한답니다.

누구나 용돈을 어디에 쓸지 고민할 수밖에 없어요. 원하는 걸 모두 가질 수는 없으니까요. 어린이든, 어른이든 누구나 늘 희소한 자원 때문에 선택을 내려야 해요. 무언가를 선택한다는 것은 다른 무엇을 포기해야 한다는 뜻이거든요.

 용돈은 그대로인데 사고 싶은 물건 가격이 오르면, 어떻게 해야 똑똑하게 결정하는 걸까요? 오늘은 친구 덕분에 잘 넘겼지만, 또 이런 일이 있을 땐 어떻게 해야 할지 모르겠어요.

 좋은 질문이에요. 현명한 선택을 내리려면 어떻게 해야 할지 묻는군요. 그러려면 여러 가지를 따져 봐야 하는데요. 무엇을 사고 무엇을 포기해야 할지, 정말 자신에게 필요한 것인지, 그 선택으로 얻을 수 있는 가치는 무엇이고, 자신은 어떤 가치를 중요하게 여기는지 잘 생각해 보세요. 그러면 채이 님이 내리는 선택에 만족하며 살 수 있어요.

채이는 지식 아이의 말에 오늘 선택을 잘한 건지 궁금했다.

 저는 오늘 현명한 선택을 내린 건가요? 혼자 떡볶이를 사 먹었으면 배부르게 먹었겠지만, 친구랑 같이 사 먹었어요. 친한 친구가 그동안 간식을 자주 사 줬거든요.

 같이 먹고 기분이 좋았나요?

 네! 정말 좋은 친구거든요. 같이 먹으면 더 맛있어요.

 평소 고마웠던 친구와 떡볶이를 나눠 먹는 데 가치를 두었네요. 그 결과 만족감이 크고 용돈을 낭비한 느낌이 들지 않은 거고요. 도리어 우정까지 쌓았으니, 현명한 선택이었다고 할 수 있죠. 만약 친구에게 얻어먹기만 하고 용돈을 혼자 사 먹는 데만 쓰거나, 게임하는 데 용돈을 다 쓰느라 아무것도 못 먹고 저녁 내내 배고파하며 후회했다면 잘못된 선택을 내렸다고 볼 수 있어요.

지식 아이의 대답을 들으니 채이는 마음이 놓였다. 맛있게 먹어 준 선호를 떠올리니 더 뿌듯하고 기뻤다.

어떻게 떡볶이 가격이 1,000원이나 오를 수 있지? 그동안 엄마가 준 용돈을 아껴서 잘 쓰면 된다고 생각했는데, 내가 좋아하는 떡볶이 가격이 오르는 것도 모르다니. 정말 충격이었다.

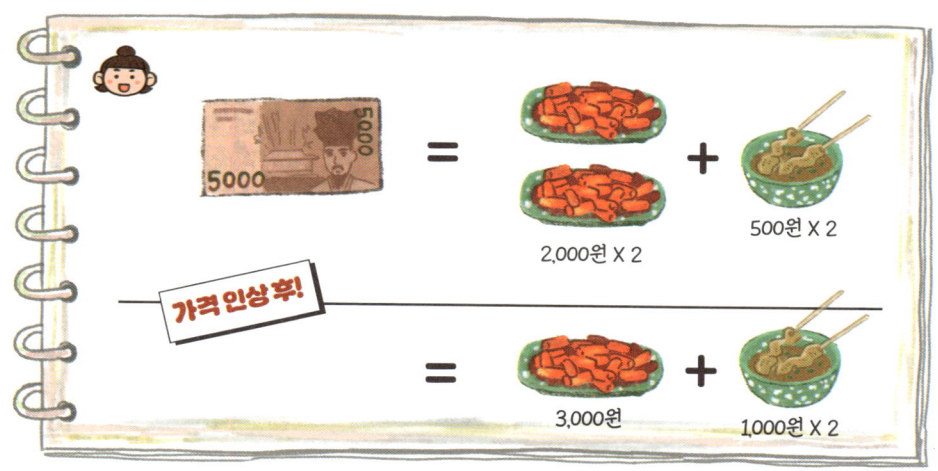

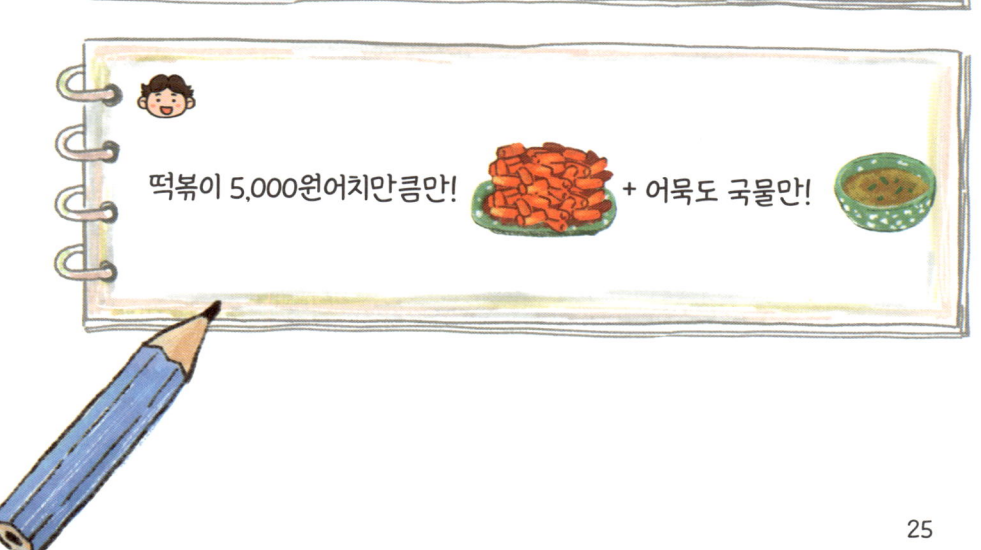

2장 특명! 동그랑 과자가 비싸진 이유는?

"채이야, 그거 들었어? 봄봄 슈퍼에 시트러스 크림빵이 들어왔대!"

"뭐? 봄봄 슈퍼에?"

"응, 오다가 가게 아저씨한테 물어봤는데 오늘 오후쯤에 들어올 거래."

시트러스 크림빵은 여자 아이돌 그룹 시트러스가 크림빵 모델이 되면서 붙은 이름이었다. 한정 행사로 크림빵 포장지 속에 시트러스 5인방 스티커 중 하나가 들어 있다고 했다.

오늘은 월요일이다. 아침에 엄마에게 받은 용돈 5,000원은 아직 그대로다. 시트러스 크림빵을 살 생각에 채이는 벌써부터 가슴이 두근거렸다. 수업이 끝나고 가면 다 팔리지는 않았을지 조마조마했다. 채이는 자기가 좋아하는 시트러스 멤버 가운데서도 예현의 스티커를 꼭 갖고 싶었다.

그런데 점심 시간이 끝나 갈 무렵, 별로 친하지 않은 태규가 다가와 물었다.

"너, 기자가 꿈이라며?"

"나? 내가?"

"그래. 강채이. 네 꿈이 기자라고 저번에 발표했잖아."

채이의 꿈은 엄밀히 말하면 연예인을 만날 수 있는 '연예부 기자'였다. 성공한 덕후가 되어서, 시트러스를 만나는 게 꿈이었다. 그런데 그렇게 말하면 왠지 선생님이 뭐라고 할 것 같았다. 그래서 이유는 자세히 말 안 하고 대충 '기자'라고 발표했는데, 태규가 그걸 기억할 줄은 몰랐다.

"아, 응……. 그렇긴 한데, 사실은 말이야. 시트러스를 만날 수 있는 연예부 기자가 되고 싶어."

채이는 상상만 해도 마음이 들떴다. 그런데 태규가 잠시 멈칫하더니 말했다.

"그것도 기자는 기자잖아. 뭐 연예부는 따로 기자 뽑아?"

"글쎄. 그거야 뭐, 다 똑같이 뽑겠지?"

"그럼, 네가 이것 좀 알아볼래? 요즘 학교 주변도 그렇고 우리 집 근처도 그렇고 죄다 과자 가격이 올랐어. 이거 담합인 것 같은데. 사회 시간에 배웠잖아."

왜 태규가 기자니, 담합이니 하면서 가격이 오른 걸 알아보라는 걸까? 채이는 감이 오지 않아 멀뚱멀뚱 쳐다보기만 했다.

"내가 전에 네 꿈을 듣고 찾아봤는데, 기자가 되려면 주변에서 일어나는 일을 다른 사람들한테 빠르고 정확하게 알려 줘야 한다더라. 그러니까 네가 잘할 것 같아서. 한번 알아봐 줘. 나 요즘 용돈도 깎였는데 세븐 몬스터 게임비도 오르고, 내가 좋아하는 동그랑 과자 가격도 오르고, 너무 짜증나."

옆에서 지켜보던 선호가 끼어들었다.

"그럼 그냥 네가 알아보면 되지, 왜 채이한테 시켜?"

"성공해서 좋아하는 가수 만나려면 이 정도는 해 볼 수 있는 거 아닌가? 기자가 꿈인데. 아, 나는 또 시트러스 팬은 다를 줄 알았지."

채이는 태규가 계속 꿈이 기자니 뭐니 한 이유를 알 것 같았다. 채이한테 대신 맡기고 궁금증을 풀려는 속셈 같았다. 게다가 자꾸 시트러스를 들먹이니 슬슬 화가 났다.

"내 참. 됐거든? 네가 알아봐."

"아니, 그게. 공짜로 알아봐 달라는 거 아니야. 나 실은 학교 앞 슈퍼 아저씨가 무섭단 말이야. 뭐 물어보기도 힘든데 내가 어떻게 조사해. 뭔가 거대한 음모가 있는 게 분명하다니까. 이거 알아봐 주면, 내가 시트러스 포토 카드 줄게. 이거 진짜 구하기 힘든 거다?"

태규가 시트러스 포토 카드 세트를 가방에서 빼 들자 채이 눈이 휘둥그레졌다. 시트러스 팬클럽 한정 굿즈였다.

"와! 너 이거 어떻게 갖고 있어? 너도 시트러스 팬이야?"

"아니, 설마. 누나가 시트러스 팬클럽 회원이었는데, 이제 좋아하는 연예인이 바뀌었다더라. 그래서 내가 챙겼지. 이거 진짜 귀한 거 알지? 나 이거 멤버별로 다 갖고 있어. 모두 다섯 장. 내가 이거 줄게. 좀 알아봐 주라. 아무래도 주변 슈퍼 아저씨들끼리 과자 가격 올리기로 몰래 짠 게 분명하다니깐. 내 최애 과자인 동그랑 과자를 가지고 장난치는 건 참을 수 없어!"

겨우 과자 가격 하나 오른 것 가지고 이렇게 음모까지 얘기하면서 부탁하다니. 하지만 며칠 전 떡볶이 값이 올랐을 때 놀란 건 채이도 마찬가지였다.

"좋아! 내가 과자 가격이 왜 올랐는지 알아봐 줄게. 대신 그 포토 카드 꼭 나 주는 거다? 상하지 않게 잘 갖고 있어. 모서리도 구겨지지 않게 말이야."

"응!"

채이가 태규와 헤어지자 선호가 말했다.

"너, 시트러스 포토 카드 때문에 그러는 거야?"

"응! 나 가입비 때문에 팬클럽에 못 들어갔잖아. 저거 진짜 갖고 싶어 하던 거야. 선호야. 나 도와줄 거지?"

채이가 불쌍한 표정을 짓자 선호가 웃음을 터뜨렸다.

"그럼, 당연하지."

"고마워!"

방과 후, 채이와 선호는 학교 앞 봄봄 슈퍼로 뛰어갔다. 태규처럼 슈퍼 아저씨를 무서워하는 아이들이 많았지만 둘은 알고 있었다. 우락부락하게 생긴 데다 목소리까지 걸걸할지 몰라도, 슈퍼 아저씨가 누구보다 친절하고 다정하다는 걸 말이다. 그러니 몰래 가격을 정하는 담합 같은 것도 할 리 없을 듯했다.

"크림빵도 살 겸, 가서 가격이 왜 올랐는지 물어보자."

크림빵에 든 스티커에다, 나중에 태규에게 받을 포토 카드까지 떠올리자 채이는 기분이 좋았다. 우선 얼른 크림빵을 살 생각에 서둘러 가게에 들어갔다.

띠링, 가게 문에 매달린 작은 종이 울렸다.

"어서오세요."

슈퍼 아저씨가 굵은 목소리로 반겨 주었다.

"시트러스 크림빵, 아직 있어요?"

"응, 그럼. 여기 있지."

아저씨가 계산대 옆 선반을 가리켰다. 크림빵은 다행히 아직 여러 개 남아 있었다. 가게마다 들어오는 수량이 다르댔는데, 봄봄 슈퍼에는 많이 들어온 모양이었다.

채이가 원하던 스티커가 든 빵 하나를 찾았다.

"야호! 여기 있네. 얼마예요?"

당연히 크림빵은 알던 가격대로 1,500원인 줄 알았다. 지갑에서 5,000원짜리 지폐를 빼는데, 아저씨가 대답했다.

"3,000원이란다."

"예? 이거 원래 1,500원 아니었어요?"

크림빵에 가격이 적혀 있는지 뒤적거렸지만 가격이 보이지 않았다. 매대에 적힌 가격표를 찾아보니 아저씨 말이 맞긴 했다.

"그건 옛날 가격이고, 최근에는 2,000원이었거든. 크기도 커지고 크림도 많이 들어가고. 그런데 또 연예인 스티커를 넣었다면서 가격을 올려 버리지 뭐냐."

포장지에 적힌 '시트러스 스티커 1종이 쏙!' 문구가 눈에 들어왔다. 하지만 아무리 그래도 3,000원이라니, 너무하다 싶었다.

크림빵을 사고 나면 일주일 동안 2,000원으로 버텨야 한다.

그사이 과자 매대를 둘러보던 선호가 깜짝 놀라 외쳤다.

"아저씨, 동그랑 과자 이거 얼마 전까지 900원 아니었어요? 언제 1,500원으로 올랐어요?"

태규가 좋아한다던 동그랑 과자는 대한민국 초등학생이라면 누구나 한 번쯤 먹었을 정도로 인기 있는 계란 모양 과자였다.

"가격만 올랐게? 양도 줄었어. 요즘에 밀가루랑 계란 가격이 올랐다잖니. 같은 재료를 쓰는 과자도, 빵도 값이 안 오른 게 없어. 물가가 너무 올랐다니까."

채이는 놀라서 선호와 서로 눈빛을 주고받았다. 말은 하지 않았지만, 저번에 떡볶이 가게 아주머니도 같은 얘기를 한 게 떠올랐다. 아저씨 마음대로 가격을 올린 건 아닌 듯했다.

슈퍼 아저씨, 가격은 누가 정해요?

채이는 크림빵을 사며 슈퍼 아저씨에게 궁금한 걸 직접 묻기로 결심했다. 사회 숙제라고 하자 아저씨는 열띠게 설명했다.

 채이 아저씨, 가격을 파는 사람 마음대로 결정할 수 있어요?

 슈퍼 아저씨 하하. 언뜻 보면 파는 사람 마음대로 정하는 게 가격처럼 보일 수도 있지. 하지만 사려는 사람이 없는데 가격을 턱없이 높게 매기면 누가 사려고 하겠니? 반대로 사려는 사람은 많은데 가격을 낮게 부르면, 물건이 금세 동나서 더 팔고 싶어도 팔 수 없을 거야. 부르는 게 값이란 말도 있지만, 그건 사려는 사람이 많은 데 비해 팔려는 물건이 적을 때 할 수 있는 말이란다.

사려는 사람과 팔려는 사람의 수에 따라 가격이 정해진다는 뜻인가요?

 그렇지! 정확히 말하자면 너희와 같은 <mark>소비자가 사려는 물건의 양인 '수요'와, 물건을 만드는 생산자가 팔려는 물건의 양인 '공급'에 따라 가격이 결정되지.</mark>

예를 들어 만약 크림빵이 더 쌌다면 사려는 사람이 많겠지? 크림빵이 지금보다 더 비싸다면 덜 사려고 할 거고 말이다. 반대로 파는 사람 입장에서는 가격이 높을수록 이익이니까, 가격이 낮을 때보다 높을 때 더 많이 팔고 싶어 해.

가격은 어떻게 되겠니? <mark>소비자보다 생산자가 더 많으면 공급이 많아져 가격은 떨어질 거고, 소비자가 생산자보다 더 많으면 수요가 많아져 가격이 오르겠지.</mark>

<mark>이렇게 가격이 오르락내리락하다보면 수요와 공급이 맞아떨어지는 순간이 온단다. 이때 가격을 '균형 가격'이라고 해.</mark> 균형 가격에 맞춰 소비자도 생산자도 얼마나 사고 만들지 정하게 되지. 그러면 물건이 남아돌지도, 부족하지도 않게 돼. 한마디로, 가격이라는 '보이지 않는 손'이 시장에서 물건을 효율적으로 나누는 거야.

선호 '보이지 않는 손'이라니, 신기해요. 그런데 물건의 가격이 결정되는 시장이란 건, 버스 타고 가면 있는 행복 전통 시장 말인가요?

 흠흠. '보이지 않는 손'이라는 말은 사실 애덤 스미스라는 학자가 한 말이야. 눈에 보이는 누군가가 나서서 가격을 정해 사고팔도록 하는 게 아니라는 거지. 시장에 자유롭게 맡기면 눈에 보이지 않게, 생산자들이 경쟁하면서 가격이 결정되고 거래가 이루어지는 과정을 얘기하는 거지.

그리고 가격이 결정되는 시장이란 꼭 전통 시장만 말하는 건 아니란다. 물건을 사고파는 곳이 다 시장이야. 여기처럼 작은 슈퍼도, 큰 대형 할인점도, 온라인 쇼핑몰도 말이지. 부동산 시장처럼 집이나 땅을 사고파는 곳도 시장이고. 또 달리 말하면 가계와 기업이 만나는 곳이 다 시장이지.

 가계는 가족을 말하는 건가요? 기업은 동그랑 과자를 만드는 가나다 회사 같은 거고요?

 음. 가족은 보통 엄마와 아빠처럼 결혼으로 이루어지거나, 그 사이에서 태어난 채이 너처럼 혈연 등으로 이루어진 관계를 얘기하잖니? '가계'는 경제 관점에서, 가족 내에서 생산 활동으로 번 소득으로 소비 활동을 같이 하는 생활 공동체를 말한단다. 예를 들어 너희 집에서 부모님이 회사에서 일하고 돈을 벌어 오면, 그 돈으로 같이 필요한 걸 사고, 너한테는 용돈을 줘서 같이 쓰지 않니? 그게 한 가계지.

그리고 기업은, 꼭 과자 회사처럼 규모가 큰 기업만 가리키지는 않아. 규모를 떠나서 사람을 고용하고 물건이나 서비스를 생산해서 파는 곳이 모두 기업이지. 여기 봄봄 슈퍼 같은 곳도, 옆에 있는 맴맴 떡볶이 가게도 모두 기업이야.

그러면 여기 봄봄 슈퍼는 '기업'이기도 하면서, 우리 집 가계에서 물건을 사려고 나온 저와 물건을 팔려는 봄봄 슈퍼란 기업이 만나는 '시장'이기도 한 거네요?

그렇지! 잘 이해했구나!

시장에서는 수요와 공급에 따라 가격이 결정되고요?

맞아!

그런데 가격을 몰래 약속해서 마음대로 정하기도 한다던데요?

몇몇 기업들이 서로 몰래 약속해서 얼마에 팔지, 얼마만큼 만들지 몰래 정하는 걸 '담합'이라고 해. 얼마 전에도 파워마트랑 씨마트 같은 대형 마트가 가격 담합해서 걸렸잖니. 그렇게 하면 물건을 사는 사람들이 다양한 가격을 비교해 살 수 없어서 기업들이 정한 높은 가격에 사야 하니 피해를 입지.

예를 들면 아저씨처럼 가게에서 크림빵을 파는데, 파는 사람이 비싸게 팔고 싶어서 다른 가게 주인들이랑 몰래 약속하는 거야. 뭐, 5,000원 이하로는 팔지 말자든가? 담합을 하면 시장에서 자유로운 경쟁을 못 하게 되고 보이지 않는 손도 제 역할을 못 하니, 괜히 비싸게 사야 하는 소비자만 피해를 입게 돼. 그래서 법으로 금지한단다.

그때 띠링, 하고 새로운 손님이 들어왔다. 잔돈을 받은 채이는 인사를 하고 선호와 밖으로 나왔다.

슈퍼 아저씨가 담합 얘기할 때 표정으로 봐서, 과자 가격을 몰래 담합해 올린 것 같지는 않다. 그런데 중요한 걸 빠트렸다. 담합이 아니라면 과자 가격이 왜 올랐는지, 도대체 밀가루 가격은 왜 오른 건지 물어봤어야 했는데!

맨날 똑같은 반찬이 물가 때문이라고?

3장

오늘은 영어 학원만 가는 날이라 집에 일찍 왔다. 크림빵을 산 건 좋았지만 얼마 남지 않은 용돈을 보니 힘이 빠졌다. 식탁에 앉고 보니 오늘도 반찬은 별게 없었다.

"엄마, 또 김치볶음밥이에요?"

"된장국도 있어."

"후, 돈가스 먹고 싶단 말이에요. 맨날 반찬이 똑같아."

식탁에 앉던 아빠가 채이 얘기를 듣고 말했다.

"뭐든 잘 먹던 애가 웬 반찬 타령이야?"

엄마가 미안해하며 말했다.

"요즘 물가가 올라서 시장에서 살 게 있어야지. 돈가스는 주말에 해 줄게. 얼른 먹어."

엄마 말에 채이는 한숨을 쉬며 젓가락을 들었다. 그런데 '물가'라는 말이 신경 쓰였다. 가만히 생각해 보니 떡볶이 가게 아주머니도, 봄봄 슈퍼 아저씨도, 선호도 다들 물가가 올랐다고 했다.

"엄마! 물가가 뭐예요? 물건 가격이에요?"

"음. 물가가 올랐다고 할 때는, 한두 가지 물건 가격이 오른 걸 말하는 게 아니야. 나라 안에서 사고파는 전체 물건의 가격이 오래 꾸준히 오르는 현상을 말하는 거야."

"그럼 물건 가격을 모두 비교해 보고 물가가 올랐다고 하는 거예요?"

"그렇게 계산하기엔 물건 수가 너무 많아. 모든 물건 가격으로 평균을 내기란 너무 복잡하지. 그래서 나라에서는 사람들 생활에 크게 영향을 끼치는 몇몇 물건을 정해서 물가가 올랐는지 아닌지 따져."

"그렇구나."

채이는 곰곰이 생각에 잠겨 저녁을 먹었다. 가격이니, 물가니 알면 알수록 복잡했다.

엄마가 아빠한테 물었다.

"여보, 요즘 밀가루 가격이 올랐다면서? 빵집은 괜찮아요? 우리 회사도 가격을 올린다 만다 하던데."

깜짝 놀란 채이가 외쳤다. 그동안 왜 빵집을 하는 아빠를 떠올리지 못했는지 이상한 일이었다.

"밀가루 가격? 참! 도대체 밀가루 가격이 왜 오르는 거예요?"

"채이 네가 갑자기 웬 관심이니? 평소에 뉴스도 신문도 안 보던 애가."

채이는 아빠 말에 쑥스러워서 얼굴이 뜨거워졌다. 괜히 기자가 꿈이라는 발표를 했다가 태규한테 과자 가격 담합을 알아봐 달란 부탁을 받은 걸 말하기 부끄러웠다. 아빠 말대로 평소에 관심 없던 게 사실이니까. 그래서 또 핑계를 댔다.

"아니, 학교 숙제예요. 요즘 왜 물가가 오르는지 조사해 오랬거든요."

"그래? 하긴, 요즘 심각할 정도로 물가가 많이 오르고는 있지. 아빠 빵집도 지금 많이 어려워. 빵에 많이 들어가는 게 밀가루잖아. 밀가루 가격이 오르면 빵 가격도 올릴 수밖에 없는데, 또 빵 가격을 올리면 사람들이 전처럼 안 사 먹을 거잖아? 그러니까 고민이야. 가격을 어떻게 해야 할지."

"채이야, 엄마 회사도 그래. 원료값이 다 비싸져서 라면값도 올린다는구나."

"아, 라면도 밀가루가 들어가지 참. 엄마 아빠, 그럼 밀가루를 사려는 사람이 많아져서 밀가루가 비싸진 거예요? 수요가 많으면 가격이 올라간다던데요?"

"그런 것도 배웠어? 채이 말도 맞는데, 가격에는 또 다른 것들도 영향을 미쳐. 밀가루가 그렇지. 우리 일단 밥 다 먹고 알아볼까?"

"네."

채이는 얼른 궁금증을 풀기 위해 밥을 열심히 먹었다.

가족 모두 식사를 마친 후 다시 식탁에 앉으려는데, 아빠가 통화하는 소리가 들렸다.

"아직 밀가루가 안 들어와서요. 내일 당장 써야 하는데요. 아, 이따가 갖다주신다고요? 네, 알겠습니다!"

"여보, 다시 나가요?"

"응. 밀가루 주문해 놓은 게 왜 이렇게 안 들어오나 했더니만. 깜빡했네. 가서 얼른 들여다 놓고 올게. 음, 채이 너도 같이 갈래?"

"저도요?"

"밀가루 가격에 대해 궁금한 게 많은 것 같은데. 같이 가자. 가면서 설명해 줄게."

아빠가 하는 갓구운빵집은 집이랑 좀 떨어진 거리에 있었다. 거리 때문에 자주 가지는 않았다. 오랜만에 아빠와 빵집을 가려니 그동안 아빠가 하는 일에 무관심했다는 생각에 미안해졌다.

아빠가 빵집에 가면서 말했다.

"요즘 기후 변화 얘기 들어 봤지? 갑자기 폭우가 내리기도 하고, 비가 너무 안 내려서 가뭄이 오는 이유."

"지구 온난화 때문에 이상 기후가 생겼다고 들었어요. 그런데 그게 밀가루랑 관련 있어요?"

"그럼. 우리나라는 밀 대부분을 해외에서 수입하는데, 밀을 재배하는 나라들에서 가뭄이 너무 심해 밀 생산량이 줄었대. 게다가 그중 한 나라에서는 전쟁이 터져서 밀을 재배하거나 수출하지 못한대. 그 때문에 우리나라처럼 밀을 수입하는 나라가 큰 영향을 받는 거지."

"아, 공급이 줄어서 가격이 오르는 거구나."

"그렇지. 연예인만 좋아하는 줄 알았더니 공부도 열심히 하는구나? 밀가루 가격이 오르니 밀가루를 원료로 쓰는 빵이나 과자, 라면 등이 모두 영향을 받아 가격이 오를 수밖에 없는 거지. 그런데 알고 있니? 요즘 밀가루만 가격이 오른 게 아니야. 석유를 많이 생산하는 나라에서도 전쟁이 일어나는 바람에 석유 가격이 올랐어. 그래서 주유비도 올랐는데, 앞으로 대중교통비도 오른다고 하는구나. 엄마랑 아빠 월급은 잘 안 오르는데, 계속 물가가 오르니 엄마도 장 보는 게 마음이 편하지만은 않을 거야. 이해해 주렴."

물가가 반찬에도 영향을 미치다니. 엄마 사정도 모르고 반찬 투정을 한 게 부끄러웠다. 아무래도 용돈을 올려 달라고 하기란 힘들 듯했다.

아빠, 물가는 왜 올라요?

요즘 오른다는 물가가 채이의 생활 여기저기에 영향을 미치고 있었다. 채이는 물가가 어떤 영향으로 자꾸 오르는지, 아빠에게 물었다.

 채이 물가가 가뭄이나 전쟁 때문에도 오른다니, 처음 알았어요. 밀가루 가격도 오르고, 석유 가격도 오르고……. 또 어떤 게 올랐어요?

 아빠 빵집을 운영하는 아빠 입장에서는, 빵에 들어가는 계란값이 요즘 많이 신경 쓰이더구나. 조류 독감으로 닭들이 많이 죽으면 계란도 적게 생산돼. 그만큼 공급량이 줄어들면서 계란값이 많이 올랐어. 계란은 일반 가정에서도 많이 쓰는 재료라, 아빠 말고도 계란으로 물가 상승을 체감하는 사람이 많을 거야.

물가에 반영되는 상품에는 뭐가 있어요?

 물가를 따질 때는 통계청에서 생활에 영향을 미치는 몇백 가지 재화와 서비스의 가격을 조사하고 평균을 내서 '소비자 물가 지수'를 작성한단다. 시대 변화에 따라서 5년마다 조사 대상 품목이 조금씩 달라져. 최근 기준 품목에는 쌀, 라면, 빵 같은 게 있던 게 기억나는구나. 나라에서는 소비자 물가 지수를 기준으로 물가가 올랐는지 내렸는지 판단해. 한 가계에서 생활하는 데 드는 비용이 얼마인지도 알 수 있고, 이를 바탕으로 임금을 얼마나 올려야 하는지도 알 수 있지.

 물가가 오르는 건 안 좋은 거죠?

 물가도 크게 보면 수요가 많아지거나 공급이 줄어들면 올라. 원인이 무엇인지에 따라서 안 좋게만 볼 수도 없어. 우선 수요, 즉 물건을 살 수 있는 사람이 늘어나서 물가가 오르는 건 좋은 현상이야. 경제가 발전해서 사람들이 전보다 더 돈을 많이 벌고, 물건을 살 능력이 더 커진다는 뜻이거든. 이렇게 물가가 1년에 3~4퍼센트씩 조금씩 오르는 건 사람들의 삶이 더 나아진다는 뜻이니까 걱정할 필요가 없지.

반대로 사람들이 물건을 살 능력은 그대로인데, 만들어 내는 물건이 부족해져 공급이 줄어드는 건 염려가 되는 상황이야. 조류 독감이나 전쟁, 더 나아가서 경제가 어려워지는 바람에 공장들이 문을 닫아서 파는 물건이 줄어들면 사람들은 불안해하면서 물건을 미리 사 두려고 해. 이 경우에는 물가가 오르는 비율이 3~4퍼센트보다 훨씬 더 커질 수 있어서 나라에서 물가가 오르는 걸 막으려고 '물가를 잡는다'며 정책을 펴지.

그 밖에 시중에 돈이 많이 풀리거나 환율 상승, 원자재 수입 가격 상승 등 다양한 이유로 물가는 오를 수 있어. 그러니까 물가가 왜 오르는지를 살펴봐야 경제가 좋은지 안 좋은지 알 수 있어.

 정리하자면 물가가 조금씩 오르는 건 괜찮고, 많이 오르는 건 안 좋다는 거죠?

 그렇지. 물가가 오르고 내리는 경제 현상은 나라마다 있어 왔는데, 그중 ==물가가 계속해서 지나치게 빨리 오르는 현상은 '인플레이션(inflation)'이라고 불러. 물가 상승률이 300% 정도로 아주 높은 인플레이션은 '초인플레이션(hyperinflation)'이라고 부르지.==

 허걱. 그렇게나 물가가 많이 오르면 어떻게 돼요?

 초인플레이션을 겪었던 사례를 얘기하자면 헝가리를 들 수 있어. 제2차 세계 대전이 끝난 1945년 헝가리에서는 물가가 하루에 2배나 뛰기도 했대. 예를 들어 어제 샀으면 1만 원이던 게, 내일 사면 2만 원인 거야. 독일에서는 물가가 10억 배나 오른 적도 있어.

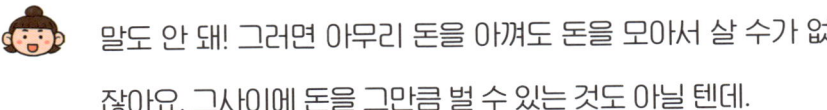

말도 안 돼! 그러면 아무리 돈을 아껴도 돈을 모아서 살 수가 없잖아요. 그 사이에 돈을 그만큼 벌 수 있는 것도 아닐 텐데.

맞아. 인플레이션일 때는 돈의 가치가 그만큼 빠르게 오르지 않기 때문에, 돈의 가치가 떨어져. 물건을 갖고 있는 사람은 유리하고, 현금을 가진 사람은 불리한 거지.

아빠와 이야기하며 걷는 사이, 어느덧 아빠 가게가 보였다. 아빠가 마침 도착한 밀가루를 가게에 들여다 놓는 사이, 채이는 자꾸만 걱정되었다. 장보기가 힘들다는 엄마와 재료값이 올랐다는 아빠에게 차마 용돈을 올려 달라고 하기는 어려웠다.

물가가 오르는 게 주변 나라의 기후나 전쟁의 영향도 받는다는 건 처음 알았다. 게다가 물가가 마구 올라서 10억 배나 될 수 있다니, 생각만 해도 무섭다. 우리나라에 초인플레이션이 오는 건 아니겠지?

4장
우리 모두 궁금해! 인플레이션 사건

다음 날, 채이는 자기가 알아낸 걸 선호에게 얘기했다. 선호도 동그랑 과자 가격을 알아보니 마트와 슈퍼 가격이 약간씩 달랐지만 비슷한 폭으로 올랐다고 했다. 멀리 떨어진 선호의 사촌 누나가 사는 지역도, 동그랑 과자 가격이 올랐단다.

점심 시간이 될 때까지 기다려, 태규에게 갔다.

"확실히 담합은 아니야. 가격을 올릴 만한 이유가 있었거든. 슈퍼 아저씨 마음대로 가격을 올린 게 아니야."

    그동안 선호와 함께 몸소 겪으며 알아낸 것들을 설명했다. 떡볶이 가게며, 아빠 빵집이며 엄마가 다니는 라면 회사며 밀가루 가격 상승이 두루두루 물가에 영향을 미치고 있다는 사실, 밀가루값이 오르는 이유, 전쟁 때문에 석유값 등이 올라 전체적인 물가가 오르고 있다는 사실 등을 말이다. 선호도 사이사이 설명을 보탰다.

이야기가 끝날 무렵, 태규는 갑자기 책상을 쾅 하고 치며 일어났다. 주변 아이들의 눈길이 셋이 모인 쪽으로 쏠렸다.

"아니, 담합이 아니고 물가가 올라서 그런 거면, 내 용돈은 어떡해? 용돈은 왜 안 오르는 거야?"

"어? 그거야 엄마 아빠가 정해 주는 거니까……."

"아니지. 물가가 오르면 엄마 아빠 월급도 올라야 하는 거 아니야? 월급이 오르면 용돈도 더 올려 줄 거고. 그런데 월급이 안 오르니까 용돈이 그대로인 거 아니야?"

"글쎄. 그걸 나한테 왜……."

"강채이, 그것도 알아봐 줘! 기자답게! 기자라면 이왕 시작한 거 끝까지 알아내야지. 그래야 시트러스 팬으로서 포토 카드 받을 자격 있는 거 아니야?"

태규가 기자, 기자 할 때마다 채이는 얼굴이 화끈거렸다. 둘러댔던 장래희망이 이렇게 자꾸 메아리로 돌아올 줄 몰랐다. 여기서 그만둔다고 해야 할지, 말아야 할지 고민이 됐다.

그때 채이 마음을 알아챘는지 태규가 시트러스 멤버 재이의 포토 카드를 꺼내 내밀었다.

"우선 재이 포토 카드부터 줄게. 나머진 더 알아내면 주고."

양쪽으로 머리를 올려 묶은 재이의 포토 카드가 반짝반짝 빛났다. 팬클럽 한정 상품이어서 그런지 홀로그램 코팅까지도 달랐다. 그걸 받아드는 순간 기운이 나는 듯했다. 제일 좋아하는 예현의 포토 카드까지 얼른 받고 싶었다.

"아, 알았어. 그렇게. 인플레이션을 더 자세히 알아내면 된다는 거지?"

"응!"

채이, 선호, 태규를 지켜보던 반 아이들이 말했다.

"뭐 하는데 시트러스 포토 카드까지 주는 거야?"

"인플레이션 조사? 그게 너희가 말하는 사건이야?"

갑자기 관심이 집중되자 채이 얼굴이 더 뜨거워졌다. 채이가 고개를 끄덕이자 아이들이 하나둘씩 말을 보탰다.

"맞아. 요즘 물가 올랐다고 엄마가 장난감도 안 사 줘."

"책값이 올랐다고 만화책은 사 달란 얘기도 못 해. 비싸다고."

"도대체 왜 그런 거래? 왜 물가가 오르는데 용돈은 그대로인 거야? 엄마 아빠 월급이 그대로라서?"

그동안 애들끼리 뉴스에 나오는 얘기는 한 적 없었다. 외모 꾸미는 거나 시험 성적이나 연예인 소식이 화제였지 이렇게 경제와 관련된 얘기로 떠들썩한 건 처음이었다.

채이는 이 상황이 의아했다. 친구들 모두 대놓고 걱정하지는 않았지만 물가 상승으로 알게 모르게 영향을 많이 받는 모양이었다.

그때 수업 종이 울렸다. 이번 수업은 사회 시간이었다. 아이들은 각자 제자리에 앉으며 떠들었다.

"채이야. 태규한테만 말고 우리도 알려 주라."

"그래그래. 나도 궁금해. 인플레이션 사건."

선생님이 교실에 들어오다가 애들이 하는 말을 듣고 말했다.

"인플레이션 사건?"

회장인 선호가 나서서 대답했다.

"탱구, 아니 태규가 궁금하대요. 왜 물가는 오르는데 용돈은

안 오르는지요. 그래서 기자가 꿈인 채이가 인플레이션 사건을 조사해 준대요!"

"오, 그래?"

선생님은 호기심 어린 눈빛으로 반 아이들을 바라보며 혼잣말했다.

"흠흠. 요즘 인플레이션이 사회 이슈이긴 하지. 사건이라고 볼 수도 있겠어."

그러더니 뭔가 결심한 듯 말했다.

"좋아요! 그러면 오늘 사회 시간에는 특별히 선생님이 그 질문에 대답해 줄게요. 우선 인플레이션이 무엇인지 알아보고, 궁금한 걸 하나씩 질문해 볼까요?"

선생님, 물가가 계속 오르면 어떻게 돼요?

선생님은 우선 물가가 무엇인지, 인플레이션이 무엇인지 설명해 줬다. 채이는 엄마와 아빠에게 설명을 들은 터라 더 이해가 쉬웠다. 선생님이 질문하란 말이 끝나기 무섭게 태규가 급하게 손을 들어 궁금한 걸 물었다.

태규 인플레이션 때문에 물가가 계속해서 오르는데, 왜 엄마 아빠 월급은 안 올라요? 용돈을 안 올려 주는 걸 보면 월급이 안 오른 게 분명해요.

선생님 하하. 추리가 대단한데? 맞아요. 일한 대가로 일당이나 월마다 임금을 받는 사람들은 인플레이션에 크게 영향받아요. 인플레이션으로 물가가 오르는 속도를 임금이 인상되는 속도가 따라잡지 못하거든요. 작년에는 월급으로 물건 10개를 살 수 있었다면 올해에는 물건을 9개밖에 못 살 수도 있어요. 여러분이 받는 용돈은 주로 부모님이 받는 월급에서 나올 테니, 용돈도 물가가 오르는 속도를 따라잡기 힘들겠지요.

채이 인플레이션일 때는 용돈이 줄어드는 거랑 똑같네요?

 와. 핵심을 잘 파악했어요. 인플레이션일 때는 같은 용돈을 받더라도 실제로는 줄어드는 것과 같아요. 요즘 여러분이 물가가 올랐다고 제일 많이 느끼는 부분이 어딘가요?

 게임비랑 동그랑 과자요!

 저는 떡볶이랑 빵이요!

 동그랑 과자는 얼마에서 얼마로 올랐지요?

 900원에서 1,500원으로요.

 용돈이 만약 일주일에 5,000원이라고 가정해 볼게요. 가격이 오르기 전에는 동그랑 과자를 5개 살 수 있었다면, 지금은 3개밖에 못 사네요. 같은 돈인데도 살 수 있는 양이 줄어들었어요. 이렇게 물가가 오르면 돈의 가치가 떨어지는 거나 마찬가지예요. 그래서 돈이 많은 사람은 물가가 오를 때 오히려 손해를 보기도 하죠. 상품 가격은 오르는데, 돈의 가치는 떨어지니까요.

선호 그러면 물건을 가진 사람은 인플레이션을 좋아하겠네요? 물건 가격이 오르니까요.

오. 맞아요. 인플레이션일 때는 돈보다 물건, 집이나 땅을 가진 사람이 유리해요. 게다가 돈을 빌린 사람도 유리해요. 갚아야 하는 돈의 가치가 떨어지니 빚을 갚기가 쉬워져서요.

그건 너무 불공평해요!

그래요. 열심히 일해서 돈을 버는데 손해를 보면 안 되죠. 그래서 여러 나라에서는 이런 불공평한 상황을 막으려고 노력해요. 이런 상황에서는 부유한 사람이 더 잘 살고, 가난한 사람은 더 가난해지는 '경제 불평등'이 커지니까요.

이럴 땐 열심히 일하는 사람이 일할 의욕도, 일해서 번 돈을 저축할 마음도 나지 않겠죠. 사람들이 돈의 가치가 떨어진다고 저축을 하지 않으면 은행에 자금도 들어오지 않아서, 사람들이 투자를 하기 위해 돈을 빌리기도 어려워져요. 그러면 ==돈의 흐름이 막혀서 경제 성장을 방해하기 때문에, 나라에서는 인플레이션이 심각해지는 것을 막으려고 노력한답니다.==

그런데요, 선생님. 인플레이션이 환전할 때도 영향을 미치나요? 제가 방학 때 가족끼리 미국에 가는데요. 작년에 갔을 때는 제 용돈 10만 원으로 70달러 넘게 바꿨거든요? 그런데 이번에는 60달러도 안 되는 거 있죠. 물가가 올라서 우리나라 돈의 가치가 떨어지니까 환전에도 영향을 미치는 건가요?

 우리나라 돈의 가치가 떨어지면, 물건을 조금밖에 못 사겠죠? 그것처럼 외국 돈도 이전보다 충분히 사기 어려워져요. 우리나라 돈을 더 많이 지불해야 하는 거예요. <mark>인플레이션으로 우리나라 돈과 외국 돈을 바꾸는 교환 비율인 환율이 오른 거나 마찬가지죠.</mark>

이것도 한번 생각해 볼까요? 태규는 지금 여행객 입장에서 인플레이션의 영향을 말했어요. 해외에 물건을 팔고 사들여 무역하는 사람 입장에서는 어떨까요? 우리나라 물가가 올랐다는 것에 집중해 보세요.

 우리나라 물건값이 올랐으니까 해외에서 덜 사려고 할 것 같아요. 그만큼 수출이 줄어들 거고, 우리나라에서도 더 싸진 수입품을 사려고 해서 수입이 늘 것 같아요.

 정리하자면 <mark>인플레이션일 때 해외 수출이 줄어들고, 수입은 늘어나겠죠.</mark> 이를 나라 입장에서 버는 돈과 쓰는 돈의 양으로 바꾸어 볼까요?

 해외에서 수입하는 양이 늘면 국내에서 해외로 돈을 많이 썼다는 거고, 수출이 줄었다는 건 해외에서 벌어들이는 돈이 줄었다는 거니까 경제에 안 좋을 것 같아요!

하하. 정확해요. 경제 용어로는 무역 수지가 적자가 된다고 해요. 이렇게 인플레이션은 여러 가지로 영향을 미친답니다. 자, 이제 궁금한 걸 해결한 것 같으니, 원래 진도대로 교과서를 펴 볼까요?

선생님! 여기서 끝내시면 안 되죠. 중요한 게 남았어요! 제 용돈을 지킬 방법을 알려 주세요!

    선생님과 반 아이들이 깜짝 놀라 태규를 쳐다보았다. 채이는 태규한테서 시작된 가격 담합 의심이 이렇게 수많은 질문으로 이어질 줄 몰랐다. 어쩌면 채이가 아니라 태규가 기자가 되어야 하는 것 아닐까?

오늘 사회 시간에 인플레이션이 끼치는 여러 가지 영향을 배웠다. 까먹을까 봐 몇 가지 생각나는 대로 적어 보겠다.

인플레이션(지속적인 물가 상승!)이 생기면?

① 임금 인상 속도는 물가 상승 속도를 따라잡지 못한다.
   = 월급, 용돈이 줄어드는 것과 같다.
② 돈의 가치가 떨어진다.
③ 사람들은 저축을 하려 하지 않고, 투자가 일어나지 않는다.
④ 물건을 가진 사람, 땅, 부동산을 가진 사람은 이익이다. 돈 빌린 사람도 유리하다!
   ➡ 이건 불공평해!
   ➡ 나라에서는 물가를 낮추려고 노력한다.
⑤ 환율이 오른 것과 같다.
   ➡ 우리나라 돈을 외국 돈으로 바꿀 때 손해다.
⑥ 우리나라 물건값이 올라, 해외 수입은 늘고 수출은 줄어든다.
   ➡ 무역 적자!
   ➡ 경제에 불리!

5장
내 용돈은 내가 지킨다!

채이와 선호는 한국은행 화폐 박물관 앞에서 영문을 몰라 하며 마주 보았다.

"우리가 어쩌다 여기까지 오게 된 거지?"

"난 태규가 선생님한테 용돈 지키는 방법까지 알려 달라고 할 줄은 몰랐어. 괜히 나 때문에 여기까지 오게 했네. 미안해, 선호야."

"네가 미안할 게 뭐 있어. 태규도 뭐, 용돈을 지켜 보겠다고 그런 것뿐인데 뭘."

처음엔 꿈에도 몰랐다. 태규가 의심한 과자 가격 담합이 이렇게 자세한 인플레이션 조사로 이어질 줄은. 게다가 반 아이들 각자 인플레이션을 느껴 왔다는 사실도. 하지만 더더욱 예상할 수 없었던 것은, 태규의 궁금증이 선생님의 설명만으로는 해소되지 않았다는 것이다.

"선생님! 용돈을 지키는 방법도 알려 주셔야죠!"

쉬는 시간을 알리는 종이 울렸는데도 태규는 벌떡 일어나 선생님께 졸라 댔다. 아니, 마치 맡겨 둔 빚이라도 찾으려는 듯 강력하게 요구했다.

"지금 용돈이 줄어든 것이나 다름없 는 위기 상황이잖아요! 선생님이 인플레이션 영향만 설명하고 멈추면 라면 끓인

다고 해 놓고 맛도 못 보게 하는 거나 마찬가지라고요. 용돈이 초등학생한테 어떤 의미인지 선생님은 알잖아요!"

먹을 걸 좋아하는 태규답게 비유도 그럴듯했다. 다른 아이들도 같이 조르자 결국 선생님은 그 다음 시간에 이어서 용돈을 지키는 방법을 알려 주었다.

"지금 태규가 궁금한 건 인플레이션에서 용돈의 가치를 지키는 방법일 거예요."

"맞아요!"

태규가 눈을 빛내며 대답하자 선생님이 말을 이었다.

"자, 먼저 다른 친구들이 해답을 줘 볼까요? 용돈을 어떻게 지킬까요?"

채이네 반이 조용해졌다. 잠시 후 반 아이들 중 하나가 대답했다.

"엄마한테 물가가 올랐으니 용돈을 올려 달라고 말해 본다?"

"야, 그게 뭐야! 되겠냐?"

여기저기서 야유와 웃음이 터져 나오자, 선생님도 따라 웃었다.

"그것도 좋은 협상 방법일 수 있어요. 물가가 오르는데 이러저러해서 필요하니 집안 사정에 여유가 있다면 조금은 올려 달라고 해 볼 수 있죠. 또 다른 방법도 있을까요?"

이번엔 선호가 대답했다.

"물가가 오르는데 용돈이 그대로면 돈을 빨리 쓰게 되잖아요. 그러니까 중고 거래로 돈을 모으는 것도 좋을 것 같아요."

"오, 그것도 좋네요. 안 쓰는 물건을 팔아 돈을 모을 수도 있고, 필요한 물건을 싸게 사서 물가 상승에 대처할 수 있겠어요. 그럼 이제, 돈을 어떻게 써야 할지 생각해 볼까요? 아까 인플레이션일 때는 돈의 가치가 떨어진다고 했죠. 돈의 가치가 떨어지니 저축은 하지 말고 마구 써야 할까요?"

아이들은 아무도 대답이 없었다.

"아니죠. 이런 때일수록 기본에 충실해야 해요. 물가가 오르는 상황이니, 앞으로 쓸 돈이 많아질 거예요. 그러니 이에 대비해 용돈을 조금씩 모아 놔야 해요. 평소에는 적은 돈이라도 돼지 저금통에 조금씩 모으는 거죠. 그게 100원이든 10원이든 한 푼 두 푼 모으는 습관이 결국 용돈을 지키는 바탕이 될 거예요. 명절 때처럼 용돈이 많이 들어올 때는 은행에 통장을 만들어 저금하는 방법도 있고요. 자, 그러면 또 용돈을 지키기 위해 어떤 방법이 있을까요?"

선생님은 잠시 말을 쉬었다.

"여러분은 물건을 살 때도 용돈을 지킬 수 있어요. 어떻게 해야 할까요?"

채이가 머뭇거리다가 대답했다.

"똑똑하게 가격을 비교해 보고 사요."

선생님이 고개를 끄덕였다.

"맞아요. 물건을 살 때 꼭 필요한 물건인지, 아닌지 한 번 더 생각해 봐요. 또 꼭 사야 할 때는 같은 물건이라면 어디서 싸게 파는지 비교해 보고 사는 거예요. 인플레이션으로 가격이 오른다고 해도, 물건을 파는 곳에서는 늘 가격으로 경쟁하기 때문에 잘 살펴보면 조금 더 싸게 살 수 있어요. 이렇게 용돈을 지킬 수 있죠. 그리고…… 여러분은 그럴 일 없겠지만, 혹시라도 어른이 되었는데 인플레이션이다? 하면 돈을 빌려야 할까요, 말아야 할까요?"

선호가 얼굴을 찡그리며 말했다.

"아까 인플레이션일 때는 돈의 가치가 떨어져서 돈 빌린 사람이 유리하다고 했으니…… 빌려요?"

"그렇게 생각할 수 있겠지만, 아니에요. 가능하면 인플레이션일 때는 빌리면 안 돼요. 물가 상승을 잡기 위해 은행에서는 이자율을 올릴 테니까요. 돈을 빌리면 이자까지 갚아야 할 돈이 많아져서 갚기 더 힘들어져요."

딩동댕동.

어느새 종이 울렸다. 마지막 수업이었다. 선생님은 아이들이 가방을 챙길 동안 컴퓨터로 뭔가 바쁘게 알아보았다.

"인플레이션에서 돈의 가치를 지키는 방법을 더 알려 줄 만

한 곳이 있어요. 다행히 이번 주말까지 특별히 예약받아 운영한다고 하니, 관심 있는 사람은 손 들어 보세요. 선생님이 예약해 줄게요."

그런데 손을 든 사람은 태규와 채이, 선호뿐이었다. 채이는 어쩔 수 없이 태규를 따라 손 들었고, 선호는 단짝 채이가 간다고 하니 손 들 수밖에 없었다.

그렇게 채이와 선호가 한국은행 화폐 박물관 앞에서 만나게 된 거였다.

"태규는 왜 이렇게 늦는 거야?"

"아까 문자 왔어. 엄마 차 타고 오는데, 밀린다고 그러더라."

호랑이도 제 말 하면 온다더니 마침 태규가 맞은편에 선 차에서 내리는 게 보였다.

"이태규! 얼른 와. 예약 시간 다 됐어."

"응. 미안."

셋은 같이 화폐 박물관 입구에서 예약을 확인받고 들어섰다. 대기석에 앉아 기다리려니 과연 태규 질문에 누가 어떤 대답을 해 줄지 기대가 되었다. 진짜 태규 말대로 용돈을 지키는 방법을 알 수 있다면 용돈도 못 올리는 상황에 참 잘된 일이다 싶었다.

그때 사람처럼 얼굴에 표정도 나타나고 몸에 터치스크린도 있는 로봇이 스르르 나타났다.

"안녕하세요. 저는 오늘 여러분을 안내할 한국은행의 최첨단 인공 지능 로봇, 이코입니다."

태규가 놀라워하며 말했다.

"와, 로봇이 오늘 우리를 안내하는 거야? 안녕, 이코?"

"반갑습니다. 저는 오늘 여러분의 일일 도우미입니다. 여러분에게 화폐의 역사부터 안내한 후, 한국은행의 역할을 알려 드릴게요."

성격이 급한 태규가 말했다.

"인플레이션일 때 용돈의 가치를 지키는 방법도 알려 준다던데?"

"인플레이션과 용돈. 인플레이션과 소득의 관계를 말하는군요. 우선 화폐의 역사와 은행의 역할을 잘 이해해야, 그 질문에 대한 제 대답도 잘 이해할 수 있으니 잘 따라오길 바랍니다."

셋은 고개를 끄덕이고 이코를 따라 박물관 전시를 보았다. 전시된 옛 화폐를 보다 보니 어느새 한국은행이 하는 일까지 알

려 주는 순서까지 다다랐다.

"이곳, 화폐 박물관 건물은 일제 강점기에 만들어진 한국은행 본관이에요. 지금 한국은행은 뒤편에 있는 신관으로 자리를 옮겼습니다. 한국은행은 다른 은행과 다르게 중앙은행으로서 일하지요."

아이들은 깜짝 놀랐다. 화폐 박물관이 다른 곳과 다를 바 없는 건물이라고 생각했는데, 은행 건물이었다니. 그런데 이코의 마지막 말을 제대로 이해한 사람은 하나도 없었다.

'중앙은행이라고?'

채이는 속으로 이코가 한 말을 곱씹어 보았다.

이코, 인플레이션을 막을 수 있을까요?

채이가 질문하려는데, 태규가 먼저 나섰다. 태규다운 질문에 채이와 선호는 킥킥대며 웃었다.

태규 한국은행은 다른 은행과 어떻게 다른데요? 중앙은행은 치킨 가게 가맹점들의 본점 같은 건가요?

이코 치킨 가게 체인의 본점이 다른 지점들의 중심이 되는 역할을 한다면 그렇게 볼 수도 있겠습니다. 우선 일반 은행과 중앙은행이 어떻게 다른지부터 비교해 보죠.

여러분은 용돈이 부족하거나 남으면 어떻게 하나요? 주변에서 빌리거나 반대로 맡기기도 하죠? 이 역할을 하는 게 은행입니다. 사람들은 은행에 돈을 맡겨서 저축하고, 은행을 통해 다른 사람에게 돈을 빌려주기도 하고, 돈이 없을 때는 은행에서 직접 빌리기도 하죠. 이렇게 은행은 사람들이 생활과 떼려야 뗄 수 없는 관계예요. 그런데 사람들에게 돈을 빌려주지도, 맡길 수도 없는 은행이 있습니다.

채이 그게 한국은행인가요?

맞아요. **한국은행은 대한민국의 중앙은행입니다. 중앙은행은 일반 사람들이 아닌 은행에 돈을 빌려줘요. 그리고 유일하게 나라의 화폐를 발행하지요.** 돈의 흐름과 관련 있는 정책을 실시하고요. 그래서 중앙은행이라고 불러요. 미국은 연방준비은행, 일본은 일본은행이 중앙은행이랍니다.

선호 아까 한국은행이 일제 강점기에 만들어졌다고 했는데, 그때도 중앙은행 역할을 했나요? 일본 때문에 제대로 된 일을 못 했을 것 같아요.

좋은 질문이에요. 1909년 대한제국 때 세워진 한국은행은 1910년 우리나라가 주권을 상실하면서 제대로 기능하지 못했어요. 1911년에는 그 이름조차 일본이 조선은행으로 바꾸어 1945년 광복 때까지 그대로 유지되었어요. 조선은행은 아까 설명한 중앙은행 역할도 했지만, 주된 목적은 일본이 식민지 개척 사업을 펼치며 돈을 우리나라에서 일본으로 가져가는 데 이용하는 거였죠. 여러분이 아는 **한국은행은 광복 후 1950년에 세워졌어요.**

태규 한국은행이 중앙은행으로서 하는 일이 인플레이션과 어떤 연관이 있나요? 인플레이션이 생기면 용돈이 줄어드는 거나 마찬가지잖아요. 그러니 인플레이션에서 용돈을 지키는 방법을 알고 싶어요.

인플레이션일 때는 한국은행의 역할이 아주 중요하답니다. 모든 것은 연결되어 있어요. 여러분의 소득인 용돈, 즉 돈의 가치를 안정시킬 수 있는 게 한국은행이니까요. 먼저 한국은행이 하는 일을 더 자세히 알려 줄게요.

아까 말했듯이 한국은행은 대한민국에서 유일하게 화폐를 발행할 수 있는 은행이에요. 그러면 화폐를 언제 만드느냐 하는 것이 인플레이션과 관련 있겠습니다. **한국은행에서는 나라 안에서 실제로 쓰이는 통화량, 즉 돈의 양을 조절하기 위해서 화폐를 발행해요.** 시중에 돈의 양이 너무 많으면 돈의 가치가 떨어져서 물가가 상승해요. 경기가 과열되어 인플레이션이 생기죠. 그러면 국민들이 어려움을 겪겠지요. 여러분도 용돈을 지키고 싶다는 건 돈의 가치를 지키고 싶다는 말일 거예요.

이코의 설명을 듣던 아이들은 한마음으로 고개를 끄덕였다.

이때 돈의 가치를 안정시키려면 올라간 물가를 적정하게 내려야 합니다. 그러기 위해서 한국은행은 시중에 도는 돈의 양을 줄이기 위해 풀린 돈을 거둬들입니다. 그런데 <mark>시중에 돈의 양이 너무 적어도 문제예요. 너무 적으면 반대로 돈의 가치가 너무 올라가서 사람들이 소비를 하지 않거든요.</mark> 그러면 생산도 줄어들고, 일이 줄어들어 실업자는 늘어나니 경기가 위축되죠. <mark>이렇게 물가가 계속해서 떨어져 경기가 침체되는 현상을 인플레이션과 반대 의미로 '디플레이션(deflation)'이라고 부르지요.</mark>

한국은행은 돈의 양을 조절해서 물가와 돈의 가치를 안정시키는 거네요.

네. 또 <mark>한국은행은 한 나라 안에서 기준이 되는 '기준 금리'를 결정해 돈의 양을 조절합니다.</mark> 여러분에게는 '이자'로 친숙할 텐데요. 은행에 일정 기간 돈을 맡기면 은행에서는 이자를 줍니다. 반대로 돈을 빌려 가는 사람에게는 이자까지 갚으라고 하고요. 만약 1년 동안 이자가 2퍼센트인 은행에 100만 원을 맡기고 1년 후 찾는다면 원금 100만 원에 이자 2만 원을 더한 102만 원을 찾을 수 있어요. 이렇게 은행 예금이나 빌려준 돈 따위에 붙는 이자나 그 비율을 '금리'라고 하지요.

자, 여러분에게 용돈이 100만 원 있다고 가정해 보세요. 금리가 낮을 때와 높을 때, 둘 중 여러분은 어느 때 더 저축을 많이 할까요?

🙂 당연히 금리가 높을 때 저축해요! 금리가 낮으면 저축해 봤자 이자가 별로 안 붙잖아요.

🤖 맞습니다. 한국은행에서 기준 금리를 높이면 사람들은 이자를 많이 받기 위해 저축을 하려고 은행에 돈을 맡기기 때문에 시중에 오가는 돈이 줄어들어요. 돈을 빌리는 사람 입장에서는 갚아야 할 이자가 오르기 때문에 돈을 덜 빌릴 거고, 소비와 투자가 줄어들어 물가 상승이 줄어듭니다. 이렇게 하면 인플레이션이었던 경제 상태가 안정될 수 있겠지요.

반대로 기준 금리를 낮추면 시중에 돈이 풀려서 소비와 투자가 늘어나 물가가 오르고 디플레이션과 같은 침체된 경기가 회복될 수 있어요.

🙂 흠. 돈의 가치를 지키기 위해서 어린이들이 할 수 있는 건 없나요?

이코가 잠시 버벅거리더니 말했다.

🤖 저는 한국은행에 관련된 것만 대답할 수 있습니다. ==한국은행이 하는 일은 하나 더 있지요. 한국은행은 외환을 보유합니다.== 다시 말해 외국 돈을 갖고 있다가 우리나라 돈과 외국 돈을 교환하는

비율, 즉 환율이 너무 오르거나 내릴 때 외국 돈을 시중에 적절히 풀거나 거둬서 외환 시장을 안정시킵니다. 환율의 변화는 수입과 수출에 바로 영향을 미쳐서, 경제에도 큰 영향을 끼치거든요. 오늘 안내는 여기까지입니다. 감사합니다!

인사를 마친 이코는 입구로 아이들을 안내하더니 스르르 떠났다. 시계를 보니 예정된 관람 시간이 딱 끝났을 때였다.

한국은행이 하는 일은 참 여러 가지가 있다.
① 화폐 발행으로 돈의 양을 결정한다.
- ➡ 물가 안정 노력!

② 경제 정책을 내놓는다.
- ➡ 경제 위기에 닥치지 않게 한다.

③ 정부와 은행에 돈이 필요할 경우
- ➡ 돈을 빌려준다. 일반인에게는 안 빌려준다!

④ 외환을 갖고 있다.
- ➡ 환율이 크게 변할 때 시중에 외국 돈을 풀거나 거둔다.
- ➡ 외환 시장 안정!

역사에 답이 있다

태규는 화폐 박물관에서 나오며 불만을 터뜨렸다.

"아니, 그러면 은행한테 물가를 잡아 달라고 해야 해? 물가가 더 오르는 건 두고 볼 수 없어!"

채이는 태규 눈치를 보며 말했다.

"저기, 이제 인플레이션에 대해서는 알아볼 만큼 알아본 것 같은데. 나머지 카드는 언제 줄……."

말이 끝나기도 전에 태규가 무심하게 물었다.

"강채이. 너 설마 지금 시트러스 포토 카드 달라고 하는 건 아니지? 저번에도 선생님이 인플레이션이 생기면 어떻게 되는지 알려 주고, 오늘은 박물관 로봇이 은행이 하는 일을 설명했는데. 네가 뭘 더 알아내면 몰라도."

"그, 그렇지."

얼른 포토 카드를 다 받고 싶었지만 양심상 달라고 우길 수는 없었다. 태규 덕분에 박물관까지 왔고, 다른 사람들이 다 설명해 주었으니까. 하지만 쉽게 포기할 수도 없었다.

"내가 우리 용돈을 지키기 위해 할 수 있는 방법이 없는지 더 알아볼게! 그러니까 나머지 포토 카드도 다른 사람 주지 말고 잘 갖고 있어. 알았지?"

깜짝 놀란 선호가 옆에서 채이 옆구리를 쿡쿡 찔렀지만 어쩔 수 없었다.

"정말? 난 이제 할아버지댁 가야 해서. 평일에는 학원도 가야 하고. 그럼 채이 너만 믿고 있을게. 언제까지 알아봐 줄 거야?"

"야, 너만 바빠? 왜 자꾸 채이를 시키는 거야. 궁금하면 네가 알아봐! 채이 너도 포토 카드 때문에 그러지 말고."

선호가 태규한테 뭐라고 하자 채이가 안절부절못하며 선호를 말렸다.

"아니야! 내 꿈이 기자잖아. 좀 더 알아볼게."

채이 속도 모르고 태규가 웃으며 인사했다.

"그래? 역시. 그럼 이번 주까지 부탁해."

"으, 응."

"고마워. 학교에서 보자. 잘 가!"

같이 집에 가면서 선호가 말했다.

"너 태규한테 너무 끌려다니는 거 아니야? 이 정도 알아봐 줬으면 됐지 뭐. 여기까지 같이 와 주고."

채이가 멋쩍어하며 말했다.

"처음엔 포토 카드 때문이었긴 한데, 사실 나도 점점 인플레이션이 궁금하긴 해. 전엔 주변에 아무 관심도 없었는데. 물가가 우리한테 이렇게 영향을 많이 끼치는구나 싶고. 질문할수록 많은 걸 알게 되니까, 더 알아보고 싶어졌어."

"그러면 괜찮지만."

채이는 자기 때문에 박물관까지 와 준 선호에게 미안했다. 그래서 이번엔 혼자 더 알아보기로 결심했다.

선호와 헤어져 버스를 타고 집으로 가는 내내 생각했다.

'인플레이션을 막고 용돈을 지키는 방법…… 이제 어디에서 찾지? 지식 아이는 이용료가 너무 비싸고.'

마침 창밖으로 도서관 건물이 눈에 띄었다.

'저거다!'

도서관 열람실에 들어서는데 빼곡한 책들이 눈에 띄었다. 어릴 때는 어린이 열람실에 자주 갔는데. 책보다 재미있는 게 많아져 점점 들르지 않았다. 무엇부터 해야 할지 감이 오지 않았다. 채이가 쭈뼛대자, 사서 선생님이 다가왔다.

"어떤 책 찾니?"

"음, 인플레이션에 관한 책을 찾는데요. 어떻게 하면 되지요?"

"인플레이션이라. 경제에 관심이 많구나. 그러면 '인플레이션'과 '물가', '경제'로 검색대에서 한번 책을 찾아봐야겠구나. 도와줄까?"

"네. 찾는 방법을 알려 주시면 제가 찾아볼게요."

"그래. 시간이 걸리긴 해도, 스스로 찾은 해답은 안 잊어버리니까. 특히 책은 인터넷보다 생각을 하면서 읽게 되거든."

이번에는 혼자 힘으로 알아보고 싶었다. 그래서 일단 책을 분류 번호대로 찾는 방법까지만 배웠다. 그리고 각 주제어로 검색해 책을 찾아봤다. 생각보다 많은 책이 있었고, 물가나 인플레이션이 제목에 쓰인 어린이 책은 별로 없었다.

하나하나 책의 차례를 보고 물가와 관련된 내용이 있는지 찾아 읽어 보려니, 시간이 걸렸다. 인터넷에서 쉽게 찾아볼까도 싶었다. 하지만 사서 선생님이 한 말을 떠올리며 책을 더 찾아보기로 했다.

열람 시간이 끝날 무렵, 채이는 관련 있어 보이는 책을 대여섯 권 골라 대출해 나왔다.

채이는 책을 빌려 가서 차근차근 정리해 볼 생각이었다. 책을 보면서 생긴 질문을 적고 답을 정리해 보기로 했다. 고등학생인 오빠가 흘깃 보더니 놀려 댔다.

"얼, 웬일이야. 채이 네가 도서관에서 책을 다 빌려 오고. 오? 경제랑 역사? 더 의왼데?"

"흥. 나도 할 땐 하거든?"

"뭘 하는데?"

"요즘 인플레이션이 문제잖아. 인플레이션을 막고 용돈을 지킬 방법을 찾는 중이야. 오빠가 이런 걸 알까 몰라."

"오, 그런 것도 알아? 당연히 알지. 내가 반에서 1등인 거 몰라? 어디 보자."

채이의 오빠는 책을 여러 권 훑더니 몇 권을 추려 보여 주었다. 그러더니 한국사 교과서도 갖다주었다.

"여기랑 여기 보면 되겠다. 인플레이션은 지금 처음 벌어지는 일이 아니고, 역사에 답이 있으니까."

"역사에 답이 있다고?"

"그럼. 옛날에 인플레이션을 어떻게 헤쳐 나왔는지 알면 도움되지 않겠어? 잘해 봐."

채이를 놀리는 건지 격려하는 건지, 오빠는 싱긋 웃으며 채이 방에서 나갔다.

채이는 오빠의 말을 되새기며 오빠가 추려 준 역사 부분을 자세히 읽었다. 머릿속에 떠오르는 질문의 대답을 책에서 찾아 정리해 볼 생각이었다. 그런데 생각보다 초인플레이션을 겪은 나라가 많다는 것에 깜짝 놀랐다. 전에 아빠가 말했던 헝가리 외에도 여러 나라가 있었다. 우리나라까지도!

역사 속으로!
초인플레이션을 겪은 나라는?

헝가리

초인플레이션으로 최고 기록!

초인플레이션, 원인은?

제1차 세계 대전 때 전쟁에 지면서 국토를 잃고 이긴 나라들에 전쟁 배상금을 물어야 했다. 그러려면 세금을 많이 걷어야 하는데 그럴 수 없어서 화폐를 많이 발행했고, 이로 인해 인플레이션이 생겼다. 몇 주나 며칠 사이에도 물가가 급격히 올라 한 달에 수백, 수천 배씩 오르는 경우도 있었다.

이후 제2차 세계 대전 때는 정부가 친나치 정부와 반나치 정부로 나뉘었는데, 친나치 정부가 화폐를 마구 발행하면서 어마어마한 인플레이션이 생겼다. 억보다 더 큰 조, 조보다 더 큰 해 단위의 지폐가 나올 정도!

물가를 안정시킨 방법은?

전쟁이 끝나서 밀처럼 생활에 필요한 곡물과 생활필수품 생산이 늘었다. 상품이 안정적으로 공급되니 상품 부족으로 생기는 물가 상승이 줄었다. 또한 화폐를 마구 찍어 내는 세력이 사라져 물가가 안정되었다.

교훈

- 전쟁이 일어나면 생산을 안정되게 할 수 없어 물건 공급이 잘 이뤄지지 않으므로 물가를 높인다.
- 화폐를 마구 찍어 내면 돈의 가치가 떨어져 화폐의 단위가 계속해서 올라간다.
- 나라에서 화폐를 마구 찍어 내면 따로 세금을 더 걷지 않아도 돈을 가진 국민들에게서 돈의 가치를 가져가는 것과 마찬가지라 세금을 더 걷는 효과를 낸다. 이게 바로 인플레이션 세금!

짐바브웨

대통령의 독재로 짐바브웨 달러가 유명!

초인플레이션, 원인은?

영국의 식민 지배를 받았던 짐바브웨는 영국에서 독립하며 독립운동가였던 무가베가 대통령이 되었다. 무가베 대통령은 37년 동안이나 독재를 하면서 화폐를 마구 찍어 냈다. 반면 농업 생산량이 해마다 30퍼센트씩 줄었고, 실업률도 80퍼센트로 커졌다.

무가베 대통령이 찍어 낸 돈은 독재정권으로 흘러 들어갔다. 독재라서 중앙은행도 대통령 마음대로 휘둘렀다.

- 돈을 찍어 내는 기술도 떨어져 독일 회사에 맡겼다.
- 최고 단위의 지폐로 100조 짐바브웨 달러 지폐가 나왔다! 이 돈은 달걀 하나도 못 사는 가격이었다고 한다.

물가를 안정시킨 방법은?

2015년에 짐바브웨 달러 지폐는 사라졌지만, 정부가 부패하여 인플레이션은 여전하다.

교훈

- 정부 마음대로 중앙은행을 휘둘러 돈을 마구 찍어 내면 인플레이션이 일어난다.
- 초인플레이션일 때는 고액권으로 화폐를 계속해서 발행해야 해 여기에도 비용이 든다.
- 독재로 정부가 부패하면 사람들이 정부를 믿지 않기 때문에 돈에 대한 믿음도 떨어져 돈의 가치도 떨어진다.

독일
지폐를 땔감으로 쓸 정도!

초인플레이션, 원인은?

제1차 세계 대전에 참전하면서 전쟁 비용을 마련하려고 국채를 발행했다. 전쟁이 길어졌고 독일도 헝가리처럼 전쟁에 지면서 이긴 나라들에 배상금을 물어야 했다. 전쟁으로 경제가 무너져 세금을 더 걷을 수가 없는 형편이 되었고, 돈을 갚기 위해 돈을 마구 찍어 내면서 인플레이션이 생겼다. 또한 생활에 필요한 물건을 만들어 낼 수 없어 물건이 부족한 상황이 되어 물가가 올랐다. 돈의 가치가 떨어져 땔감을 사느니 지폐를 땔감으로 쓰는 게 낫고, 벽지를 사느니 지폐로 벽지를 대신하는 게 나을 정도였다.

- 빵 한 조각이 800억 마르크! 맥주 한 잔이 2000억 마르크!

물가를 안정시킨 방법은?

화폐 단위만 오르고 돈의 가치가 떨어지자 기존 돈의 단위였던 마르크 화폐를 새로운 화폐인 렌텐마르크로 바꾸기로 하면서 인플레이션이 멈추었다. 단순히 화폐만 바꾼 것이 아니라 돈을 딱 32억만 바꾸기로 하고, 정부가 땅을 담보로 새로운 화폐를 발행했기 때문이다.

교훈

물가와 돈의 가치를 안정되게 하려면 정부에 대한 믿음이 필요하다. 그러려면 정부가 돈을 마구 찍지 않아야 하고, 투명하게 돈을 발행해 아무데나 쓰지 않으며 공정히 써야 한다.

우리나라 - 조선 시대

경복궁 재건을 위해 당백전 발행!

초인플레이션, 원인은?

19세기 중반, 어린 고종을 대신해 고종의 아버지인 흥선대원군이 권력을 마음대로 휘두르는 세도 정치를 하면서, 왕권을 강화하기 위해 임진왜란 때 불에 탄 경복궁을 다시 짓는다. 경복궁을 재건하는 데 필요한 돈을 끌어모으기 위해 처음에는 세금을 거뒀는데 돈이 부족하자 당백전이라는 화폐를 새로 만들어 발행하면서 물가가 상승했다.

당백전은 기존에 쓰던 화폐인 상평통보에 비해 100배나 비싸게 액면가를 매겨 문제가 되었다. 당시에는 화폐를 만드는 재료의 무게와 화폐 가치가 동일했는데, 당백전은 상평통보에 비해 실제 구리의 양이 약 5배 높은데도 액면가는 20배 매겨져 있었다. 그때 만들어진 당백전은 지금으로 치면 약 1000억 원이라고 하니 엄청난 돈을 시중에 내보낸 것이다.

물가를 안정시킨 방법은?

당백전 사용을 그만두고 대신 청나라 돈을 들여왔다. 하지만 이것도 상평통보를 기준으로 약 3배 높게 가격을 매긴 터라 완전히 해결하지 못했다.

교훈 ✭

짐바브웨의 독재 정치든 세도 정치든 한 사람이 마음대로 돈을 마구 찍어 내면 안 된다. 오늘날 중앙은행만 화폐를 발행할 수 있는 권한이 있는 건 다 이유가 있다. 중앙은행은 정부가 마음대로 하지 못하게 독립되어야 한다.

국채가
뭐예요?

　　채이는 책을 보고 모르는 용어도 찾아가면서 조사해 정리했다. 그런데 사전을 봐도 이해되지 않는 것이 있었다. 어쩔 수 없이 아빠 찬스를 썼다.

채이 아빠, 독일이 전쟁 자금을 마련하려고 국채를 발행했다는데, '국채'가 뭐예요?

아빠 은행에서 돈을 빌릴 때는 빌린 돈과 함께 이자를 갚기로 약속해. 넣어 둔 돈과 이자를 합쳐서 받는 적금과는 반대로 말이야. 그런데 국가도 돈을 빌릴 때가 있어. 나라 전반에 투자를 하거나 공공사업을 실시할 때야. **국가는 돈을 빌릴 때 나중에 원금과 이자를 갚겠다는 증서, 즉 국채를 발행하지.** 나라는 거의 망할 일이 없기 때문에 사람들의 신뢰가 높단다.

국채를 발행하면 어떤 영향을 미쳐요?

 국채는 국민도 살 수 있고, 외국인도 살 수 있고, 중앙은행도 살 수 있어. 독일에서 전쟁 준비를 하며 발행한 국채는 중앙은행이 사는 경우야. 중앙은행에서 사면, 중앙은행이 돈을 발행해 정부에 돈을 주는 것과 같단다. 쉽게 말해 '정부에서 돈을 푼다'고 해. '돈을 뿌린다'라고도 하고.

 돈을 뿌린다고요?

 응. 전에 감염병 유행으로 세계에서 소비와 생산이 줄었을 때, 경기가 침체되자 각 나라에서는 재난지원금처럼 여러 방식으로 국민들에게 돈을 나눠 준 적이 있어. 당시 소비가 줄어드는 바람에 소상공인들이 타격을 입었거든. 국민들의 소득이 늘어나면 소비가 늘 거라고 본 거야.

 그러면 정부는 돈이 필요할 때 마음대로 국채를 발행해 돈을 풀 수 있어요?

 독재국가라면 그럴 수 있지. 하지만 우리나라처럼 민주주의 국가에서는 한쪽에 권력이 집중되는 것을 막기 위해 국채 발행처럼 중요한 일을 결정할 때는 국회의 동의가 필요하단다.

 다른 사람들이 국채를 사면 어떻게 돼요?

 국채를 국민들이 사면, 시중에 풀린 돈의 양이 줄어드는 효과가 생겨. 외국인이 사면, 외국 돈이 들어와서 돈의 양이 늘어나고. **국채 발행으로 시중에 도는 돈의 양을 조절할 수 있지.** 그런데 외국에 돈을 못 갚으면, 나라가 망하는 일이 생길 수도 있어서 조심해야 해.

돈을 못 갚아서 나라가 망한다고요? 그런 일이 일어날 수 있어요?

우리나라도 실제로 국가 부도 위기에 놓인 적 있어. 빚을 못 갚게 되어서 국제 통화 기금(IMF)에 구제 요청을 한 적 있지. 당시에 국민 모두가 힘들었단다.

국채를 발행할 때는 무척 신중해야겠네요.

그렇지. 그래서 정부와 한국은행은 나라 빚이 너무 커지지 않게 조절하려고 노력해.

나라에서 국채 발행을 하든, 화폐를 더 찍어 내든 돈을 더 많이 만들어 내는 일은 참 신중해야 하는 일 같다. 돈을 많이 찍어서 나한테도 나눠 주면 좋겠다 싶었는데, 그게 휴짓조각처럼 되면 안 되잖아? 나라에서 '돈을 푼다', '돈을 나눠 준다'고 할 때는 유심히 지켜봐야겠다.

7장
물가를 너무 내려도 문제라고?

　세계 여러 나라가 겪은 인플레이션을 조사하느라 토요일이 훌쩍 지나갔다. 휴일인 다음 날에도 책상 앞에 앉아 있자 오빠가 물었다.

　"오, 꽤 오래 하는데. 아직도 물가를 내려서 용돈 지키는 법 조사 중이야?"

　"오빠가 어제 좀 집어 줘서 도움됐어. 인플레이션을 겪은 나라가 많더라. 다 정리했지."

채이가 정리한 공책을 본 오빠가 감탄했다.

"와. 그런데 너, 물가를 너무 내려도 문제라는 거 알지? 물가가 계속해서 오르는 인플레이션도 문제지만, 돈의 가치를 지키겠다고 물가 내리는 법만 알면 안 되지. 자칫하면 빈대 잡으려다 초가삼간 태운다고."

"초가삼간?"

"몰라? 뒷일은 생각도 안 하고 눈앞에 닥친 일만 해결하려다 더 큰 손해를 보는 걸 얘기하는 속담이잖아. 그러니 디플레이션이 어떻게 생기는지도 알아야 물가 안정의 뜻을 알지."

오빠가 디플레이션이라고 하니, 얼핏 화폐 박물관에서 이코가 했던 말이 떠올랐다. 기억이 가물가물해서 그때 메모했던 수첩을 꺼내 보았다.

이코는 친절했지만 말이 좀 많았다. 다 받아 적기에는 말이 빨라서 대충 적어 놓은 터라 메모를 봐도 한 번에 이해가 되지 않았다. 그동안 조사한 걸 바탕으로 천천히 되짚어 보았다.

"음, 그러니까 인플레이션이랑 반대로 물가가 계속 떨어지면서 경제가 침체되는 게 디플레이션이잖아? 물가가 오르고 돈의 가치가 너무 떨어지는 것도 문제지만."

오빠가 끄덕이는 걸 보니 채이는 자신이 생겼다.

"반대로 돈의 양이 줄어서 돈 가치가 오르면 사람들이 물건을 안 사게 되고, 그러면 수요가 줄어드니 물가가 떨어지고, 그리고……."

채이가 말을 흐리자 오빠가 말을 이었다.

인플레이션과 디플레이션이 일어날 때, 중앙은행은 어떻게 할까?

인플레이션이 일어나는 과정

시중에 돈의 양↑ → 돈의 가치↓ → 물가↑ → 물가 상승 지속= 인플레이션!

한국은행의 조치

기준 금리↑ → 시중에 돈의 양↓ → 소비·투자↓ → 물가·고용↓
→ 경제 안정(금리를 과도하게 올리면 경기 침체가 올 수 있어 주의해야 함)

디플레이션이 일어나는 과정

시중에 돈의 양↓ → 돈의 가치↑ → 소비↓
→ 물가↓ → 생산↓ → 실업자↑
→ 물가 하락 지속=디플레이션!

한국은행의 조치

기준 금리↓ → 시중에 돈의 양↑ → 소비·투자↑
→ 물가·고용↑ → 경제 안정(금리를 과도하게 낮추면 물가 급등 위험이 있어 주의해야 함)

"디플레이션으로 물가가 떨어지면 생산이 줄어들고, 그러면 생산자 입장에서 일하는 사람을 줄이니 실업자가 생기고, 소비가 줄면서 경기가 나빠지겠지? 그러니까 물가가 너무 떨어져도 안 좋다는 거야. 하지만 돈을 가진 사람은 돈 가치가 오르니 여전히 이익이지. 반대로 부동산이나 땅을 가진 사람은 가치가 떨어져서 불리해."

채이가 덧붙였다.

"일하는 것과 관계없이 누구는 가치를 얻고, 누구는 가치를 잃으니 경제 불평등이라는 거지?"

"맞아! 그동안 공부 많이 했는데? 역시 내 동생이야!"

"쳇. 오빠야말로 그런 것도 알고 우리 오빠라 할 만해!"

장난스러운 칭찬에 채이는 왠지 뿌듯했다. 조사할 의욕이 넘쳐났다. 인플레이션을 겪었던 나라를 정리할 때는 관심없었는데, 책에서 디플레이션 사례도 본 것 같았다.

"오빠. 이번엔 디플레이션을 조사해 봐야겠어. 도와줄 거지?

"좋아. 오늘은 간만에 약속도 없고. 해 보고 얘기해."

"응!"

다시 책 속으로, 디플레이션을 겪은 나라는?

미국

1929년 세계 경제 대공황!
불안하고 혼란해!

디플레이션, 원인은?

유럽에서 제1차 세계 대전이 일어났을 때, 미국은 유럽을 도우며 전쟁에 필요한 물건을 만들어 공급하면서 발전했다. 전쟁 후에도 미국은 유럽이 전쟁 피해를 복구하는 것을 도우며 경제가 성장했다. 경제 전망이 밝자 많은 사람들이 회사에 돈을 투자하기 위해 주식을 샀다.

그런데 물건이 많은 데 비해 사려는 사람은 점점 줄어들었고, 소비가 줄어드니 생산도 줄었다. 회사들이 돈을 벌지 못하자 일자리도 점점 사라졌다. 디플레이션이 일어난 것이다.
더 나아가 경제가 어려워지니 사람들은 주식을 팔기 시작했다. 주식값이 떨어지기 무섭게 더 많은 사람들이 한꺼번에 주식을 팔면서 많은 회사들이 문을 닫았다. 돈을 빌려준 은행들도 대부분 망해 버렸다. 그렇게 경제가 나빠져 혼란이 일어나는 '대공황'이 일어났다. 이는 다른 나라에도 영향을 미쳐 세계 경제 대공황을 초래했다.

물가를 안정시킨 방법은? ✪

미국 대통령 루즈벨트가 나라의 공공 사업으로 실업자들에게 일자리를 제공하는 뉴딜 정책을 실시했다. 또한 부실한 은행을 정리해 사람들이 은행에 돈을 맡길 수 있게 했다.

교훈 ✪

일자리가 늘어나야 소득이 늘어 소비가 늘고 다시 생산이 늘어 경제가 안정될 수 있다.

일본

1991년부터 꺼진 경제 거품!
잃어버린 20년!

디플레이션, 원인은?

1980년대에 일본에서는 부동산 가격이 떨어지지 않을 것이라 믿고 사람들이 땅과 집을 많이 사들였다.

그런데 1985년 미국이 달러 가치를 떨어뜨리기 위해 엔화 가치를 높여 달라는 협상에 일본이 합의했다. 이에 따라 엔화 가치가 오르면 일본의 수출이 줄어들 수 있어서, 일본이 금리를 낮췄다. 그러자 사람들은 은행에서 빚을 내서라도 무리하게 부동산, 주식 등을 사들였다.

집값 거품은 1990년대에 들어 꺼지기 시작해 빈 집이 늘어나고, 주식값은 떨어졌다.

물가를 안정시킨 방법은?

정부가 돈을 풀었지만 잘못된 투자로 경기 불황이 계속되었다. 최근에는 부실한 기업은 내쫓고 좋은 기업을 키우면서 나아지고 있다.

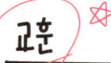 교훈

- 나라에서 금리를 올리거나 내리는 것은 무척 중요한 일이다.
- 금리가 낮으면 빚을 무리하게 내서 투자하는 투기가 많아질 수 있으니 조심해야 한다.
- 지금 우리나라와 비슷하다고 하니 참고!

경기 불황인데도
물가가 오를 수 있다고?

공책에 정리한 미국과 일본 사례를 보여 주자 오빠가 유심히 살폈다.

오빠 좋아. 그런데 디플레이션도 무조건 안 좋기만 한 건 아니라는 거, 알아?

채이 어……. 인플레이션도 천천히 진행되면 경제가 성장하는 신호라서 좋은 거래. 디플레이션도 그래?

 오, 잘 아는데? 맞아. 기술이 좋아져서 들이는 돈은 같은데 생산을 더 많이 할 수 있을 때, 그래서 공급이 늘어나 물가가 떨어지는 디플레이션은 좋은 거야. 성장하면서 일어나니까.

 디플레이션이 나쁠 때는?

 네가 조사한 것처럼 경기 침체로 소비, 즉 수요가 줄어 물가가 떨어질 때지.

경제 성장이 일어나면서 생기는 인플레이션이나 디플레이션은 좋다는 거구나.

조사하면서 혹시 '스태그플레이션'에 대한 얘기는 못 봤어?

휴. 스태그플레이션은 또 뭐야?

==스태그플레이션(stagflation)은 영어로 '경기 침체'를 뜻하는 스태그네이션(stagnation)과 '물가 상승 지속'을 뜻하는 인플레이션(infation)을 합친 말이야.== 지금까지 조사한 내용에 따르면 보통 경기가 침체될 때는 물가가 떨어지고, 경기가 좋을 때는 물가가 올랐잖아?

그러네. 그런데 그걸 합친 단어라는 건, 둘이 섞여서 나타날 수 있다는 거야?

응. ==경기가 침체되었는데 물가는 오르는 현상이 스태그플레이션이야.==

헉! 말만 들어도 힘들 것 같아. 스태그플레이션이 오면 어떻게 돼?

1970년대에 석유를 생산하는 아랍권 나라들에서 전쟁이 벌어진 적이 있어. 그때 다른 나라를 압박하기 위해 석유 생산을 줄이는 바람에 석유값이 오르면서 석유를 쓰는 나라들에서 스태그플레이션이 나타난 적이 있어.

보통 인플레이션이 일어나면 물가가 오르지만 생산이 늘어나니까 고용도 늘어나잖아? 사람들 일자리가 늘어나는 거지. 그런데 스태그플레이션일 때는 물가가 오르는데 사람들이 일자리를 잃어. 다시 말해서, '실업'과 '물가'가 계속해서 오르는 거지.

 직장을 잃으면 월급도 용돈도 벌 방법이 없는데…… 물가는 오른다고? 정말 힘들 것 같아.

 맞아. 그래서 늘 세계에서는 경제가 어떻게 변화하는지 살피고 예측해서 대비하려고 해.

　채이는 물가가 왜 올랐는지 조사하면서, 지금까지 몰랐던 큰 비밀을 엿본 기분이 들었다. 정부와 은행이 하는 일과 물가와 관련된 역사를 찾아보니 더 그랬다. 생각보다 자신에게 끼치는 영향이 훨씬 컸다. 단순히 물가가 오르는 걸 막고 용돈의 가치를 지키는 것보다 더 중요한 게 있었다.

떴다!
꼬꼬 기자단의 탄생

　수업이 일찍 끝나는 날, 방과후였다. 아이들은 선생님께 허락을 받아 교실에 남았다. 채이는 선생님이 하듯이 조사한 내용을 정리해 복사해 나눠 줬다. 태규와 선호는 교실 맨 앞자리에 앉아 채이가 칠판에 써 가면서 하는 설명을 들었다. 어느덧 채이가 조사 내용을 마무리할 때가 되었다.
　"난 이번에 조사하면서 경제가 어떻게 돌아가는지, 나라에서 정책을 어떻게 펴는지 관심 갖는 게 중요하단 걸 알았어."

채이가 설명하는 내내 집중해서 듣던 선호가 물었다.

"정부와 한국은행이 경제와 관련해 정책을 펴는데, 우리 같은 초등학생이 관심 갖는 게 도움이 될까?"

"응. 우리도 국민이잖아. 정부가 제대로 일하는지 보고 목소리를 내야 해. 정부가 정책을 잘못 펴서 인플레이션이 생기면 우리 부모님이 일해서 번 돈을 잃는 거나 마찬가지잖아. 우리도 용돈을 뺏기는 거나 똑같고. 그러니 정부가 제대로 일하는지 못하는지 살펴보고 잘못된 정책을 펼 때는 목소리를 내야지. 우리가 크면 선거로 의사를 표시할 수도 있고."

채이 말에 태규가 덧붙였다.

"목소리를 내려고 시위할 수도 있지. 기후 변화에 대책을 세우라고 시위했던 그레타 툰베리도 있잖아. 걔는 그때 15살이었대. 정부가 하는 일은 지금 우리에게도, 미래의 우리한테도 영향을 끼치니까, 관심을 가져야지."

선호와 채이는 태규의 진지한 모습에 놀랐다.

"이런 거 알아보기 귀찮았을 텐데. 혼자 더 많이 알아봤네. 자, 여기."

태규는 가방에서 포토 카드 세트 상자를 꺼내 내밀었다.

"꺄악! 고마워!"

신난 채이가 상자를 열어 카드를 살펴보는데, 태규가 나지막이 말했다.

"실은, 내 꿈도 기자야."

"뭐?"

선호와 채이는 깜짝 놀라 소리 질렀다.

"너도 꿈이 기자라고 발표했어?"

"응. 너희는 기억 못 하겠지만."

진짜 꿈이 기자인 태규 앞에서 연예인을 만나려 기자가 되겠다고 했다니, 얼굴이 화끈거렸다.

"미안해. 난 그것도 모르고……."

"아니야. 괜찮아. 처음엔 좀 실망했었어. 나랑 꿈이 같대서 친해지고 싶었는데. 이유가 그렇다고 하니까. 그래서 좀 억지 부렸는데 화폐 박물관도 같이 가 주고, 이렇게 조사도 해 줘서 나도 많이 알게 됐어. 고마워. 미안하고."

"나도 미안해."

태규를 오해했던 선호도 얼굴을 붉히며 말했다. 채이는 카드를 만지작거리다 입을 뗐다.

"어쩐지. 난 사실 네가 더 잘 알아볼 수 있을 텐데 왜 나한테

시키나 했어. 또 경제 같은 거 전에는 어렵기만 하고 나랑 상관없다고 생각했는데. 그게 아니란 걸 알았어. 다 태규 네 덕분이야."

진심이었다. 처음엔 카드 때문에 시작한 일이었지만 이제는 안다. 경제가 나한테 영향을 많이 미친다는 걸. 그리고 태규도 그냥 불평만 잘하는 게 아니라 주변 일에 관심과 의문이 많다는 걸. 이제 탱구라고 부르지 말아야지.

"정말? 있지, 그럼……."

늘 당당하고 말 잘하던 태규가 갑자기 말을 흐렸다.

"뭔데 그렇게 뜸 들여?"

선호가 재촉하자 태규가 말했다.

"너희랑 또 같이 해 보고 싶은 게 있는데……."

채이도 태규를 재촉했다.

"뭔데, 뭔데? 얼른 말해 봐. 듣고 나서 결정하면 되니까."

"어, 우리 같이 나튜브 한번 해 볼래?"

무슨 말인가 싶어 채이가 물었다.

"나튜브?"

"응. 실은 내가 최근에 어린이 기자 모집에 지원했는데, 떨어졌어. 그런데 너희랑 조사하러 다니면서 이런 생각이 들더라. '우리가 하는 게 기자가 하는 일 아닌가? 굳이 어디서 뽑는 기자가 되지 않아도?"

채이와 선호는 호기심 어린 눈빛으로 태규의 다음 말을 기다렸다.

"그래서 말인데 우리 같이 여기저기 취재해서 나튜브에 올리면 어때? 우리 힘으로 기자가 되는 거야."

선호의 눈이 동그레졌다.

"우리가? 할 수 있을까?"

"오오. 난 할 수 있을 것 같아. 태규도 선호 너도 질문할 때 보면 꼭 기자 같았다니까."

"너도 그랬어. 꼬리에 꼬리를 물고 묻는 모습이 정말 멋있었어. 그럼, 이번에 채이가 조사한 내용을 올리면 어때?"

선호 말에 태규가 덧붙였다.

"좋은데? 경제를 아는 건 우리한테도 중요하잖아. 용돈의 가치가 줄어들어도 아무것도 모르는 것보다, 알고 대처하는 게 좋으니까. 다른 아이들도 잘 모를 뿐이지 모두들 우리 생활에서 일어나는 일을 알고 싶어 한다고."

"그럼 좋아! 선호 너도 할 거지?"

"하자! 이번에 조사한 것도 그렇고, 우리만 알기 아깝잖아. 태규 말대로 같이 해 보자!"

셋은 최근에 유행했던 웹툰에 나오는 동작대로, 다 같이 팔을 엇갈리게 겹치며 외쳤다.

"어린이 기자, 크로스!"

일주일 후, 나튜브에 셋의 이름으로 된 영상이 하나 떴다. 계정 이름은 '꼬꼬 기자단'이었다.

안녕하세요. 우리는 꼬리에 꼬리를 무는 어린이 기자 강채이, 이태규입니다.

요즘 게임비도 오르고, 과자값이 많이 올라 어린이 여러분도 걱정이 많을 텐데요. 왜 이런 일이 일어나고 있는지, 꼬꼬단이 정리해 드립니다.
우선, 슈퍼에 가 보았습니다.

(채이가 동그랑 과자 봉지를 들면서) 이 과자는 계란맛으로 유명한 과자인데요.
(과자 중량과 가격 변화 그림 비교) 최근 과자 양이 80g에서 70g으로 줄고, 가격은 900원에서 1,500원으로 올랐습니다.

(봄봄 슈퍼 주인 인터뷰) 밀가루 값이 오르면서 과자 회사에서 가격을 크게 올렸어요.

동그랑 과자는 과자 양이 줄어든 만큼 가격을 더 많이 올린 것이나 마찬가지입니다. 바로 제품의 가격은 유지하면서 크기나 중량을 줄여 판매하는 '슈링크 인플레이션' 현상이죠. 줄어든다는 뜻의 '슈링크(shrink)'와 '인플레이션(inflation)'을 합친 말입니다.

(떡볶이 가게 메뉴판 가격 인상 전후 비교)
떡볶이, 라면과 빵 가격도 올랐습니다. 모두 주요 상품으로, 소비자 물가 지수에 반영됩니다. 왜 이렇게 물가가 계속해서 오르는 인플레이션 현상이 일어나는 걸까요?

 (갓구운빵집 주인 인터뷰) 빵을 만드는 주재료인 밀가루는 대부분 해외에서 수입하는데, 기후 변화로 가뭄이 심해져 생산량이 줄었어요. 계란도 조류독감 때문에 생산이 줄었고요.

 게다가 석유를 많이 생산하는 나라에서 전쟁이 일어나는 바람에 석유 가격도 오르고, 앞으로 대중교통비도 오른다고 합니다. 인플레이션이 계속되는 상황입니다.

 용돈이 그대로인 우리 어린이들은 어떻게 해야 할까요? 우선 과자를 살 때 가격이 얼마나 올랐는지, 과자 양은 얼만큼인지 비교해 똑똑하게 소비해야 합니다. 기업들은 자세히 보지 않으면 알기 어렵게 만들기 때문입니다.
또한 경제에 관심을 갖고, 나라에서 어떤 물가 안정 정책을 펴는지 살펴야 합니다. 물가가 많이 오르는 만큼 부모님의 월급은 물론 우리 용돈을 나라에 뺏기는 것과 똑같기 때문입니다.

하지만 물가가 내린다고 무조건 좋은 것은 아닙니다. 계속해서 물가가 내려가는 디플레이션은 우리에게 어떤 영향을 미칠지, 다음 영상에서 확인해 주세요!

 지금까지 꼬리에 꼬리를 무는 어린이 기자단 강채이, 이태규, 한선호였습니다. 또 궁금한 질문이 있다면 댓글로 남겨 주세요. 꼬꼬단이 어디든 가서 취재합니다!

    영상이 끝날 무렵, 마치 메이킹 필름처럼 슈퍼 아저씨를 인터뷰하는 채이, 갓구운빵집 앞에서 마이크를 들고 말하는 태규, 채이를 촬영하는 선호 모습이 지나갔다. 마지막 장면은 채이 아빠가 찍어 준 사진이었다. 셋이서 사이좋게 어깨를 맞대고 팔을 이리저리 뻗은 모습이 마치 영화 속 히어로들 같았다.

꼬꼬 기자단과 함께하는 경제 퀴즈 OX

꼬꼬 기자단이 내는 퀴즈가 맞으면 O, 틀리면 X를 쓰세요.
해답은 동그라미 안에 표기된 쪽수를 찾아 본문에서 확인하세요.

1

경제는 사람이 생활하는 데 필요한 생산, 소비, 분배 활동을 말해. 이 중에서 생산 활동은 돈을 벌고 대가를 받는 행동만 가리켜. (　　　　)

힌트 공부하거나 가족을 돌보는 것도 경제 활동이에요.

해답 찾아보기 ⑳ ~ ㉑

2

경제 활동의 대상은 떡볶이 가게의 떡볶이처럼 눈에 보이고 만질 수 있는 '재화'를 뜻해. (　　　　)

해답 찾아보기 ㉒

3

가격이 결정되는 '시장'이란 전통 시장만 말하는 게 아니야. 작은 슈퍼도, 대형 할인점도, 땅을 사고파는 부동산 시장도, 물건을 거래하는 곳이라면 다 시장이야. (　　　　)

해답 찾아보기 ㊳

4

가격은 소비자가 사려는 물건의 양인 '공급'과 물건을 만드는 생산자가 팔려는 물건의 양인 '수요'에 따라 결정돼. (　　　　)

해답 찾아보기 ㊲

5

'인플레이션'은 물가가 계속해서 지나치게 빨리 오르는 현상이야. 짧은 기간 동안 물가 상승률이 300% 정도로 아주 높은 인플레이션은 '초인플레이션'이라고 해. 반대로 물가가 계속 하락해서 경제가 침체되는 현상은 '디플레이션'이라고 하지. (　　　　)

해답 찾아보기 (51), (81)

이것도 알아두자!

인플레이션(inflation)은 라틴어로 '부풀어 오르다'라는 뜻의 '인플라레(inflare)'에서 유래했어요. 초인플레이션(=하이퍼인플레이션 hyperinflation)의 하이퍼(hyper)는 '초과하다'라는 뜻이에요. 반대로 디플레이션(deflation)은 '아래로'라는 뜻의 디(de)가 인플레이션과 합쳐져 생겨난 인플레이션의 반대 개념이에요. 물가가 계속 하락해서 경제가 침체되는 현상을 뜻해요. 경제가 침체되는데 물가가 계속 오르는 스태그플레이션(stagflation)과 다르지요.

6 한 나라의 물가는 주변 나라의 기후나 전쟁의 영향을 받지 않아. ( )

해답 찾아보기 52

7 물가가 오르면 돈의 가치가 떨어지는 것과 마찬가지야. 같은 돈으로 살 수 있는 물건의 양이 줄어드니까. ( )

해답 찾아보기 60 ~ 61

8 은행 중에는 유일하게 나라의 화폐를 발행하며, 일반 사람들에게는 돈을 빌려주지 않고 다른 은행에만 돈을 빌려주는 중앙은행이 있어. 우리나라의 중앙은행은 한국은행이야. ( )

해답 찾아보기 78

9 초인플레이션을 겪은 나라로는 헝가리, 짐바브웨, 독일이 있어. 우리나라는 다행히도 초인플레이션을 겪은 적이 없어. 디플레이션을 겪은 나라에는 미국, 일본이 있지. ( )

해답 찾아보기 92 ~ 99, 108 ~ 111

10 국가도 나라 전반에 투자를 하거나 공공 사업을 실시할 때 돈을 빌려. 이때 나중에 원금과 이자를 갚겠다는 증서인 '국채'를 발행하지. ( )

해답 찾아보기 100

꿈꾸는 어린이 교양 03
내 용돈 빼고 다 올랐어

초판 1쇄 발행 2025년 5월 1일

지은이 하리라
그린이 지문
채색 도움 조윤정
펴낸이 고대룡
편 집 이지수
디자인 손현주
펴낸곳 꿈꾸는섬

등록번호 제 410-2015-000149호
등록일자 2015년 07월 19일
전화 031-819-7896 | **팩스** 031-624-7896 | **전자우편** ggumsum1@naver.com
ISBN 979-11-92352-29-9 73320

ⓒ 하리라, 지문 2025

- 저작권법에 따라 보호받는 저작물이므로 무단 전재와 복제를 금합니다.
- 책값은 뒤표지에 있습니다.
- 파본은 구매하신 서점에서 바꾸어 드립니다.

제품명 내 용돈 빼고 다 올랐어 | **제조자명** 꿈꾸는섬 | **제조년월** 2025년 4월
사용연령 8세 이상 | **제조국명** 대한민국
주소 (10375) 경기도 고양시 일산서구 대산로 164 (203동 303호)
KC마크는 이 제품이 공통안전기준에 적합하였음을 뜻합니다.